草原牧俗

中国
俗文化丛书

丛书主编 高占祥

邢莉 著

山东教育出版社

U0745476

图书在版编目(CIP)数据

草原牧俗/邢莉著. —济南：山东教育出版社，
2016

(中国俗文化丛书/高占祥主编)

ISBN 978－7－5328－9307－2

Ⅰ.①草… Ⅱ.①邢… Ⅲ.①蒙古族—畜牧—少
数民族风俗习惯—中国 Ⅳ.①K892.312

中国版本图书馆 CIP 数据核字(2016)第 052107 号

中国俗文化丛书 　　　　高占祥　主编
草原牧俗 　　　　　　邢　莉　著

出 版 人：刘东杰

出版发行：山东教育出版社

　　　　　(济南市纬一路 321 号　邮编：250001)

电　　话：(0531)82092664　传真：(0531)82092625

网　　址：www.sjs.com.cn

发 行 者：山东教育出版社

印　　刷：山东临沂新华印刷物流集团有限责任公司

版　　次：2017 年 2 月第 1 版第 1 次印刷

规　　格：787mm×1092mm　32 开本

印　　张：5.875 印张

印　　数：1—3000

插　　页：2 插页

字　　数：85 千字

书　　号：ISBN 978－7－5328－9307－2

定　　价：15.00 元

　　　(如印装质量有问题，请与印刷厂联系调换)

印厂电话：0539－2925659

图1
放牧图

图2
牧民生活风俗图

图3　盛装的蒙古族妇女

图4　秋季风情

图5 蒙古包的顶部

图6 草原上的勒勒车（额博摄）

图7 马鞍（额博摄）

图8 马头琴

图9 祭敖包

中国俗文化丛书
编委会

主　　任：高占祥
副主任：于占德
编　　委：（以姓氏笔画为序）

于占德　　　　　张占生

于培杰　　　　　孟宪明

马书田　　　　　尚　洁

叶　涛　　　　　郑土有

宁　锐　　　　　郑金兰

石奕龙　　　　　高占祥

刘志文　　　　　徐杰舜

刘连庚（常务）　常建华

刘德增　　　　　曹保明

刘　慧　　　　　程　玮

曲彦斌

中国俗文化丛书

主　　编：高占祥
执行主编：于占德
副 主 编：于培杰
　　　　　叶　涛
　　　　　刘德增

序

    在中华民族光辉而悠久的历史传统文化中，俗文化占有十分重要的地位。它不仅是雅文化不可缺少的伴侣，而且具有自身独立的社会价值。它在中华民族的发展历程中，与雅文化一起描绘着中华民族的形象，铸造着中华民族的灵魂。而在其表现形态上，俗文化则更显露出新鲜、明朗、生动、活跃的气质。它像一面镜子，折射出一个民族、一个地区的风土人情和生活百态。从这个角度看，进一步挖掘、整理和发扬俗文化是文化建设的一项战略任务。

    俗文化，俗而不厌，雅美而宜人。不论是具体可感的器物，还是抽象的礼俗，读者都可以从中看出，千百年来，我们的祖先是在怎样的匠心独运中创造出如此灿烂的文化。我们好像触到了他们纯正的品格，听到了他们润物的声情，看到了他们精湛的技艺。他们那巧夺天工的种种创造，对今人是一种启迪；他们那健康而奇妙的审美追求，对后人是一种熏陶。我们不但可从这辉煌的民族文化中窥见自己的过去，而且可以从中展望美好的明天。

俗文化，无处不在，丰富而多彩。中华民族，历史悠久，地大物博，人口众多，在长期的生活积淀中，许多行为，众多器物，约定俗成，精益求精。追根溯源，形成系列，构成体系，展示出丰厚的文化氛围。如饮食、礼俗、游艺、婚丧、服饰、教育、艺术、房舍、风情、驯化、意趣、收藏、养生、烹饪、交往、生育、家谱、陵墓、家具、陈设、食具、石艺、玉器、印玺、鱼艺、鸟艺、虫艺、镜子、扇子等等，都是俗文化涉及的范围。诚然，在诸多领域里，雅俗难辨，常常是你中有我，我中有你，彼此交叉，共融一体；有的则是先俗而后雅。

俗文化，古而不老，历久而弥新。它在人们的身边，在人们的生活中，无时无刻不影响人们的思想、观念和情趣。总结俗文化，剔除其糟粕，吸收其精华，对发扬民族精神，增强民族自信心，提高和丰富人民生活，都具有不可忽视的意义。世界文化是由五彩斑斓的民族文化汇成的，从这个意义上讲，愈是民族的，就愈是世界的。因此，我们总结自己的民俗文化，正是沟通世界文化的桥梁。这是发展的要求，时代的召唤。

这便是我们编纂出版这套《中国俗文化丛书》的宗旨。

目
录

一　草原与牧人

　　草原的景色，绚丽多彩，风吹草低见牛羊；草原的牧歌，慨当以慷，铿锵而悠扬；草原的生活，既有涨潮般的波澜壮阔，亦有落潮般的静谧安详。

　　世界分布着许多辽阔的草原。其中亚洲和欧洲的草原，从贝加尔湖畔到多瑙河畔，连成一片，绵延 15 000 公里，更为辽阔壮丽。"天似穹庐，笼罩四野"，寥廓迷茫的蒙古高原，天然成为孕育牧人的巨大摇篮，同时也成为游牧人借以酿造人类文明的巨大依托。亚洲大陆是世界文明的发祥地，在远古就有游牧人在此生养繁息，像农耕人创造了农业文明一样，游牧人创造了游牧文明。

（一）雄浑的草原

"晴川平似掌，地势与天宽，烟草青无际，云冈影四团"，这首诗展现了牧业景观。在祖国北部有一片狭长的高原地区，由东北向西南斜伸，其形状酷似雄鹰展翅。这里北与西伯利亚相毗连至阴山山脉与中原的农耕民族相接，西起阿尔泰山山麓与古老的羌藏山岳相通，东以苍苍茫茫的大兴安岭为界。这就是我国北方牧人繁衍的地方。

绵延的阿尔泰山宛若一条游龙，从西迤逦而东，愈趋愈缓。东部就是纵列八百余里、海拔千米以上的大兴安岭。那里的山岭开阔，以其独有的魅力吸引着不同的族体。大兴安岭自高原东境向西南趋向，与自西而来的阴山山脉相交。阴山山脉原盛产松柏，绵延起伏，千峰陡峭万壑争丽。元耶律楚材诗句"插天绝壁喷晴月，擎海层峦吸翠霞。松桧丛中疏畎亩，藤萝深处有人家"，道出的就是阴山的巍峨壮丽。阴山以南，与东陵谷交错，西部则是开阔的原野和高地。重叠的山脉成为牧业生活的天然屏障，也是与农耕文明联系的桥梁。

四境矗立着崇山峻岭的蒙古高原为大陆性草原气象所笼罩。漠北地区季节变化分明，夏短冬长，是亚洲冬季寒潮的策源地。漠南地区是西伯利亚寒潮的首冲，气象依然是严酷的，后汉女诗人蔡文姬有诗云：

> 惟彼方兮远阳精，阴气凝兮雪夏零，
>
> 沙漠壅兮尘冥冥，有草木兮春不荣。

宋人彭大雅在《黑鞑事略》里说阴山以北的乌兰察布地方，"气候寒冽，无四时八节，四月八月常雪，风色微变"。蒙古高原地势较高，距海较远，边沿又有山脉阻隔，因而降水少而不匀，寒暑变化剧烈。冬季严寒而漫长，夏季短而酷热，这是蒙古高原气候的显著特点。蒙古高原的春天是姗姗来迟的，春季多风沙，而降水量少。当小麦扬起小花的时候昭示着夏天的到来。那是芳草凄迷的时节，草原的丰腴、草原的深沉、草原的天生丽质得以完美地显现。芳草的枯衰最早给人们带来秋天的信息，当牧人的妇女恋恋不舍地仰望着大雁南飞并默默地祝福其北回的时候，预示着寒冬的又一次来临。

在这片辽阔的土地上，大自然给予人的造化并不均等。这里有肥美的草原，也有无垠的沙漠，有开阔的一派平壤景色，也有响着驼铃的茫茫戈壁。植物学家把它分为森林草原区、湿润草原区、干草原区和荒漠草原区。

呼伦贝尔草原和锡林郭勒草原是世界著名的牧场。呼伦贝尔草原以大兴安岭作屏障，有几千条大小河流的滋润。每到夏天，草原上阳光明媚，绿草如茵，杂花缤纷。无边无际的原野上，骏马奔驰，牛羊成群，呈现出一派独特的自然风光。呼伦贝尔草原包括山地林缘草甸草场、低丘陵森林草原草场、高平原及丘陵干草原草场、河漫滩湖滨低地草甸草场、盐化草甸草场等。这里的牧草相当高，而覆盖的面积又相当大，种类非常丰富。这里茂密生长的羊草、早熟禾、黄花苜蓿、山野豌豆、西伯利亚艾菊等，都是牲畜爱吃的营养丰富而产量又比较高的牧草，并且非常适于大牲畜放牧。复杂多变的草场为四季利用提供了方便。锡林郭勒草原是重要的传统牧场。这里的植被以典型草原面积为最大。基本的群落类型，是大针茅草原和克什针茅草原两个群系。除典型草原外，还分布有草甸草原植被、草甸与沼泽植被、沙地植被以及部分山地次生林。其中的羊草、粗隐子草、小叶锦鸡儿及多种旱生杂类草都是牲畜喜欢吃的草。当人们看到状如游云的畜群随牧人的长鞭有规律地涌动时，不能不向美妙的景观频频回首。

锡林郭勒盟的西部是典型的草原带，它占据整个蒙古高原草原带的中央部分。其中主要包括锡林郭勒草原的西部和乌兰察布草原。宋人彭大雅在《黑鞑事略》里记叙了他的亲眼所见：

> 出居庸关，则渐高渐阔，出沙井，则四野平阔，荒芜际天，有远山，初若崇峻，近则坡阜而已。

与上述的湿润草原区相比较，这里草地的覆盖率占百分之五十。禾本科牧草较多，菊科次之。草原上生长的大针茅、羊草、隐子草、冰草都有各自的营养价值，是各类牲畜的放牧饲料。当然与湿润草原相比较，湿润草原是"风吹草低见牛羊"，而这里只能是"浅草才能没马蹄"了。

图1　元代陶俑：牧人与马（西安湖广义园出土）

再西部就是荒漠草原带了。《清稗类钞·蒙古道路》条云：

　　由张家口至库伦都凡三千六百里，出张家口，一望皆沙漠，淡水殊少……

其地理位置偏北，地处高寒，干燥水少，孟秋即雪，不宜种植。所谓"瀚海阑干百丈冰，愁云惨淡万里凝"，所谓"马走碎石中，四蹄皆血流"，说的都是这个地方。实际上，这只是旧文人的描绘。无垠的沙漠不仅使人感到壮美，而且给人以生命。在《异域录》中，有"草色青青""茂草盈尺"的记叙。这里生长有大麦草、麦穗草、麻草、竹叶草之类，还有红柳、沙枣、麻黄等植物。沙漠草原给人的不仅是无边的娴寂和困人的豁达，而且完全可以供不辞辛苦的牧人利用。"横鞭躺羊三百群，短褐单衣沙渍里"，描绘的就是荒漠草原带的牧羊图。

（二）牧业春秋

在古老而雄浑的蒙古高原上，既不永久是畏人的严寒和搅天的风雪，也不永久是连天的碧草。在蓝天白云的陪伴下，这里的人们创立了牧业生涯。"穹庐为室兮毡为墙，以肉为食兮酪为浆"的牧业生活与农耕民族迥然而异。

凿刻在山巅危崖或幽谷陡壁上的古朴的阴山岩画向我们

展示了牧人的生活图画：或在牧马，或在牧羊，或在牧牛，动物排列有序，羊群马群的特点分明。有一幅岩画以突出的地位凿刻了一匹骏马，马背上站立一个身体瘦长的牧人，用手抚摩着马鬃。有趣的是，在这匹骏马的四周，围绕着六匹马，可能表达人们繁殖马匹的愿望。原始的游猎人在至少几十万年以前就创造了这方土地上的原始文明。后世的游牧人绝不同于原始的游牧人，他们在这块土地上继承和发展了可与农耕文化相媲美的游牧文化。

图 2　牧马（阴山岩画）

历史上的游牧人民族此起彼落波澜壮阔——东胡、匈奴、鲜卑、契丹、蒙古，有的已经成为历史上的匆匆过客，有的至今还活跃在历史的舞台上。

乌桓、鲜卑、柔然是东胡族系的主要组成部分。乌桓人从事畜牧业，农、猎居于次要的地位，其马、牛、羊特别多。他们养牧的马、牛、羊既要供日常生活应用，又供乘骑、战事运用。马不但可以作为供物，也可以作为交换的物品。婚姻嫁娶时以马、牛、羊为"聘币"，人死时亦用死者生前所乘之马送葬。若互相仇杀，也用出马、牛、羊来赎死。1956年考古学者在辽宁西丰县西岔沟乌桓的墓葬中发掘出大量的铁马衔、马镳等马上用具，还有各类马形、兽面的铜饰具。许多饰牌上都绘有双牛、双羊、双马、双驼等图案。

昭君出塞的故事家喻户晓，其实乃是两种文化剧烈抗争的暂时协调。匈奴在蒙古高原称雄四五百个年头。《史记·匈奴传》谓匈奴人："随畜牧而转移，其畜之所多则马、牛、羊，其奇畜则橐驼、驴、羸、駃騠、騊駼、驒騱。"《汉书·晁错传》谓其"美草甘水则止，草尽水竭则移，往来转徙，时至时去"。匈奴的畜牧业非常繁盛，从史籍的记载中，其牛羊铺天盖地。牧人的生活离不开马，马还是他们沟通信息和战斗的主要工具。他们驯化出駃騠、騊駼等新的畜种，足以说明其牧业技艺的高超。欧洲的罗马历史学家阿密阿那斯·马西米那斯说，欧洲的匈奴人不仅战时骑射，平时也常在马背上吃饭、闲谈、交涉都不下马，甚至可以卷曲在狭小的马背上睡觉。在漠北若颜山匈奴的墓葬中出土的大量的牲畜骨骼，为匈奴的畜牧业做了佐证。仅杭锦旗桃红巴拉和公苏隆发现的 7 座墓葬中就发现了马头 12 具、牛头 8 具、牛蹄若干、羊头 44 具、木质马镳 1 件、马面饰 24 件、三马饰牌 1 件、羊首短剑 1 件。由此可见称雄一时的匈奴发达的畜牧业。

公元 3 世纪至 6 世纪，鲜卑族拓跋部活跃于内蒙古高原。鲜卑族是从大兴安岭北麓"南迁大泽"，然后向西进入内蒙古高原的。从内蒙古陈巴尔虎旗完工和札赉诺尔的古墓发掘中，发现有殉羊、殉马、殉牛、殉狗的习俗，说明这些动物已被家畜驯养。在有的墓葬中，殉牲的数量非常之大，说明被饲养的牲畜的数量也非常大。正如《魏书·序记》所叙，其"统幽州之北，广漠之野，畜牧迁徙，射猎为业"。

公元 5 世纪到 10 世纪，活跃在塞外的主要民族是柔然、突厥、回纥、契丹等，其中突厥最为强大。突厥分布于大漠南北，东起贝加尔湖，西至中亚细亚的辽阔地区，以毡帐为居室，食肉饮酪，身衣裘褐，善于骑射。公元 599 年，突厥的启民可汗自言，其"羊马遍满山谷"。《周书》卷 28《史宁传》载，木杆可汗一次赠给史宁的牲畜就有马五百匹、羊一万头。突厥的骑射本领非常突出，可谓"仰手接飞猱，俯身散马蹄"。唐初,其战马已逾百万。畜牧业的发展与否在突厥的社会中起着盛衰兴亡的作用。正如史书所说:"突厥兴亡,唯以羊马为准。"

公元10世纪初,建立了辽代的契丹族以内蒙古草原为其势力扩展的后方,当时内蒙古西部,农牧兴旺。《辽史·食货志》说:"契丹旧俗,其富以马。"太祖之述律皇后也说:"吾有西楼羊马之富,其乐不可胜穷。"宋使苏颂出使契丹时目睹了"羊以千百群""马群动以千数"情景,其生息极繁。耶律阿保机在征伐河东地区及女真族时,一次夺获驼马牛羊十余万。在漠南漠北的广阔牧野,在水草丰盛的草原上,分布有契丹的马匹二十余万。

公元11世纪,蒙古民族以迅雷不及掩耳之势占据了蒙古高原,并且至今独立于世界民族之林。文献史料记载,在10世纪至12世纪,蒙古族的牧业经济已相当发达。他们逐水草,便畜牧,游牧的行程或方千里、或方百里。12世纪有名的札只拉部落以养羊著名,居住在阿尔泰山和杭爱山之间的乃蛮部和居住在鄂尔浑河流域的克烈部则是善于养马的部落。蒙古族经营过大型的牧业经济,他们曾以一千个帐幕为一个古列延,这样的古列延就有70多个。《元史译文证补》载:"合赤曲鲁克莫奴伦所居之诺塞儿吉及黑山之地畜群富饶，每登山以观，牲畜遍野，顾而乐之。"波斯史学家拉施特·哀丁的《史集》里叙述了这样一个有趣的故事：她的马和牲畜，多到无法计算。当她坐在山头上，看到从她所坐的山顶上直到山麓大河边，遍地畜蹄时，她便喊道："牲畜全聚拢来。"牲畜是了不起的财富。在牧业社会里，牲畜具有生产资料的价值，还具有生活资料的价值，同时也具有交换的价值。

（三）马为伴当

蓝蓝的天上白云飘，白云下面马儿跑。这是一幅多么壮阔的草原风俗画。牧人说：歌是翅膀，马为伴当。关于骏马的来源，有一个神奇的传说：很久以前，人间草原肥美，牛羊成群，但是没有骏马。关怀人间的仙女总以为人间有缺欠，于是将宝钗摘下来，宝钗落到半空，天空红雾弥漫，随着轰雷声，天空被炸开一道缝隙，眨眼间成群成群俊俏神奇的动物降到草滩上，神蹄落地形成草原上前所未有的一股巨大的狂飙，它们奔跑如云，体态高大，给草原带来勃勃生机，牧人称这种神奇的动物为"马"。于是草原上出现了追风马、千里马、流云马等各种各样的马。草原民族历来崇拜苍天，人们认为马是从天上掉下来的神骘。① 没有马，牧人就失去了神明。这表明蒙古牧人对骏马的推崇与依赖。

马是嗅觉、视觉都格外灵敏的动物。马机警而识途，能在茫茫的草原上识别方向。马驯服而倔强，绝对忠实于主人而不让生人靠近。它勇猛矫健，在血雨腥风的战场上，它能跑几十里、上百里，把受伤的主人驮至安全的地点。它昂扬而奋发，在严寒酷热中习于劳苦。正因为马具备其它牲畜不具备的优点，牧人把马视为极高贵的牲灵。依赖马，相隔甚远彼此隔膜的牧人沟通了渴求的信息；依赖马，维系了草原的游牧社会。

马在牧业社会中占有极为重要的地位。漠北诺言山匈奴墓葬中出土了大量的牲畜骨骼为此做了佐证。《史记·匈奴传》说，公元前200年，冒顿单于以40万骑兵围攻刘邦于平城白登山。曾以马的颜色分类排队。"其西方尽白马，东方尽青龙马，北方尽乌骊（即黑色）马，南方尽梓（即赤黄色）马"。突厥的养马业也非常发达。据史料记载，创业初期，木杆可汗控弦数十万；沙钵略可汗有骑兵40万；西突厥室点密

---

① 宝斯尔：《鄂尔多斯风情录》第123页，中国旅游出版社。

可汗有骑兵十万。"天用莫如龙，地用莫如马"，史书上说："突厥兴亡，唯以羊马为准。"《黑鞑事略笺证》说，蒙古民族自小就"络之马上，随母出入"，三岁之后，则"以索维之鞍，捭手有所执，从众驰骋"。蒙古人说自己是"马背上生，马背上长"，人们称蒙古民族是"骑马民族""马上行国"。

牧畜时，马是牧人的助手。长期以来，牧人过的是游牧生活。其按季节的早晚，视土地的好坏，经常而又有规律地移动，长途的游牧生活必然要骑马，游牧民族往往以马代步。当白色的珍珠般的羊群洒满绿毡般的草原的时候，牧人骑着一匹矫健的骏马，惬意地前进，构成了一幅静谧动人的牧羊图。在迁徙时牧人骑马去寻找牧地，又骑着马从一个牧场转移到另一个牧场。蒙古族堪称"马背上的民族"，此记载可以追溯到遥远的年代。《蒙鞑备录》云："鞑人生长鞍马间，人自习战，自春徂冬，旦旦逐猎，乃其生涯。"马匹伴随着蒙古民族经过了漫长的狩猎社会而步入了牧业社会。

马是牧人远道而行的伴侣。牧人的生活离不开马，举凡游牧迁徙、婚礼节日、探亲访友、商品交换都离不开马。在婚礼上，牧人的送亲队伍是浩浩荡荡的马队，是马背上驮来了盛装的新娘；在节日中，颇具声势的赛马比赛威震山岳；

在春节拜年时，牧人纵马从一个蒙古包来到另一个蒙古包；在商品交易时，马给牧人驮来了他们的生活必需品——砖茶。"在牧人的眼中，马从生产对象，从畜群的一员变成人本身的一部分，骏马的形象使牧人的自尊心得到满足，夏季里骑着一匹漂亮的骏马的牧人觉得自己的身心都在升华……骏马集中了一切生物包括自己在内的优点，牧人觉得有朝一日骑上一匹神奇的马的愿望是多么珍贵，这样的心理积蓄沉淀了多少世纪，也就在这样一个历史中，骏马的形象和对骏马的憧憬构成了游牧民族特殊的审美意识，剽悍飞驰的骏马成了牧人心中的美神①。"牧人的欢愉与潇洒是从骏马上得到的，牧人的刚强与勇悍也是从骏马上得到的。

在古代社会，马在战争中发挥了极大的威力，特别是在蒙古族向封建制发展的时期，骏马为蒙古族赢得震惊世界的荣耀。草原人一旦骑在马上，"则与其生气勃发，则登山越岭如履平地，跳沟过壕亦甚敏捷。如疾驰数十里之行程，瞬息而返，从无距离之远近之观念……蒙人从来以有马而使能活

———————

① 张承志：《读元朝秘史随想》，载《读书》1985 年第 9 期。

泼之动作，若无马徒步，宛如出水之鱼，能力全失"①。《黑鞑事略》记载，蒙古人出征时，每人骑二三骑或六七骑，往往马换而人不停，在刀枪剑戟的格斗中，马供人驱使疾驰，在濒于饥饿死亡之时，马血可以挽救人的生命。普遍传唱的一首《蒙古马之歌》写道：

> 护着负伤的主人，绝不让敌人靠近；
>
> 望着牺牲的主人，两眼泪雨倾盆。
>
> 仁慈的蒙古马哟，英雄的蒙古马哟。

有了马的纵横驰骋，蒙古族才能叱咤风云，雄姿英发，闻名于天下。蒙古民族建立的元朝也完全靠马上得之。《元史》卷一〇〇云："元起朔方，俗善骑射，因以弓马之力取天下，古或未有之者。盖其沙漠万里，牧养蕃息，太仆之马，殆不可数计，亦一代之盛哉。"

---

① 转引自《中国地方志民俗资料汇编·华北卷》第741页，书目文献出版社1989年版。

图3　元代行猎与骑射

　　日行千里、夜走八百是良马的素质和标志。在东起大兴安岭、西与甘肃的黄土高原相接、北依国境线、南靠阴山山脉的辽阔牧场上，出现了种类繁多的可与世界良马相媲美的优秀马种。安琪马体态娇小粗壮，脚有三趾。科学家认为，距今一千三百万年以前安琪马马骨出现，它是草原母亲孕育的最早的胎儿。在内蒙古达茂旗百灵庙东北地区的岩石上，发现了很多三花马的岩画。白居易有"风笺书五色，马鬃剪三花"的诗句，赞誉的就是将马鬃剪成三辫的三花马。三花马是突厥马种，唐代昭陵六骏的特勒骠就是蒙古历史上久负盛名的突厥马。马的毛色大都为栗色，形体俊美，性情温顺，力速兼备。轻型矫健如飞；重型力大如牛。在锡林郭勒大草原上驯育出乌珠穆沁马。乌珠穆沁马鬃毛柔软，体态轻盈，以吃苦耐劳著称。乌珠穆沁马擅跑颠步，颠步是马的左前蹄和右后蹄或右前蹄和左后蹄同时起落，日行可达 150 公里。克什克腾旗白岔川盛产铁蹄马，人们又称其为三短马。其体上缘长，下缘短，腹部长，背部短。后肢为外侧腿长，内侧腿短。三短马以铁蹄著称。在坎坷不平的道路上它可以奔驰 300公里，被誉为神骑。"阴山有良骏，大漠出良驹"，在阴山绵亘的鄂尔多斯高原，出产乌审马。蒙文史籍《金册》中有"牧放溜圆白骏吉祥的八块地方，从前察哈尔万户"的记载。供奉成吉思汗的溜圆白骏马就产在鄂尔多斯草原。它的四蹄漆黑，全身洁白。相传溜圆白骏不是普通的马，它是玉皇大帝天马神骏的化身。天马行空，独往独来，可见乌审马勇悍而飘逸的性情。

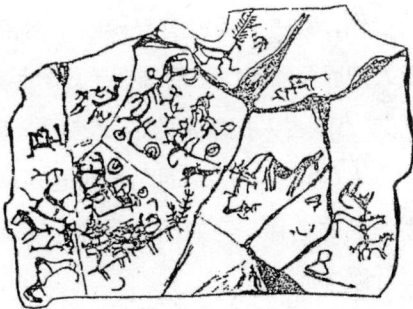

图 4　三花马、北山羊、梅花鹿和马蹄印

(乌兰察布岩画)

二 风吹草低见牛羊

在漫漫的历史长河中，蒙古族一直过着逐水草而居的游牧生活。牲畜和牧场是他们不可分离的生活基础。许多独特的生活习惯都是在牧业生活的基础上产生的。

在遥远的古代，蒙古人自己有与游牧生活密切相关的纪年法，古埃及人把尼罗河水泛滥的周期定为一年。"青青原上草，一岁一枯荣"，蒙古人把草木的枯荣定为一年。八月二十八日为古代蒙古人的年终，而月的名字或冠以草木荣衰的规律，或冠以畜产品的名称。例如把六月称为青草月，八月称为牛奶月，一月称为奶酪月。

与畜群相依相存的牧人常常把无言的牲畜神化。在乌丙安先生的《神秘的萨满世界》里谈道：布里亚特人认为苏勒包恩（金星）是最大的马群的守护神，马最初是神的坐骑，人间没有马匹。人类学会驯马是守护神的仆人传给人间的。还认为夏末出现的马驹，是在金星出现在星空之后，所以为良种。蒙古族也相传金星是天上的骑手和他的仆从，负责掌管天上所有的马，天空上所有的星群都是马群。这种说法源于古老原始的萨满教。天上的星群与地上的马群本来没有什么必然的联系，但是在原始思维看来，它们之间有一种必然的、神秘的互渗关系，在其神秘的信仰因素里，又包容着对牲畜的神化与期冀。

牧人在长期的牧业生活中积累了丰富的放牧经验。放牧是有分工的，放马的专放马，牧驼的专牧驼，放羊的专管羊，牧牛的专管牛。《蒙古秘史》第118节记载："依山居住，牧马的人可得帐房住；靠水居住，牧羊的人可得饮食吃。"牲畜的种类不同，季节不同，放牧的方法也不雷同。

图 5　西伯利亚岩画上的游牧图

（一）牧马

大群放牧是牧区饲养马匹的基本形式，多则几百匹，少则几十匹，终年放牧于天然牧场。这是一种传统的粗放饲养方式。

春季是气候转换的季节。经过严寒的冬季马匹羸弱，由于经过"白灾"的袭击，马匹冻不死已成为幸事。当北国气候转暖，厚厚的冰雪开始融化，青草刚刚吐出一丝新绿的时候，马群就欢跳腾跃了。但是由于气候乍暖还寒，积雪由冻而化，又由化而冻，所以春季应该选择避风向阳、地势平坦、牧草见绿的地方。这时马贪恋草原，轻松地奔跑而忘记吃草，牧人注意控制马少跑路、多吃草，这样马才能慢慢上膘。积雪融化，河水很凉，中午控制马慢慢饮水。

夏季水草充足，是马上膘的季节。牧人要选择凉爽、通风的地方放牧。毫无遮拦的草原在中午时非常炎热，这时马群常常聚在一起，谓其"扎窝子"，"扎窝子"时往往会踩伤幼畜，牧人为防止其扎窝子，往往在中午让其饮水，这样既防止其踩伤幼畜，又易于健康。夏天草原的天气像孩子的脸，说变就变，忽而风和丽日，忽而暴雨降临，马群尤其是幼驹经不住这骤雨狂风、迅雷闪电的突然袭击，往往惶惶然奔跑嘶鸣，不知所往。牧人称之为"炸群"。"天有不测风云"，可牧人有观看天气的本领，他们在放牧时观察行云，如云彩迅速密集，就把马群赶到小山坡上，以防马"炸群"。

秋季萋萋芳草使马群流连忘返，这也是牧人抓油膘的季节。抓油膘的关键是让马多吃草，因此要延长放牧时间，并常进行"夜牧。俗话说："马不吃夜草不肥。"因为马的胃比牛的胃小得多，而且不像牛那样能反刍，况且马贪恋跑，往往跑得快，饿得也快，所以要多食。这时每隔2—3天牧人就要轮换放牧草场一次，为促进其长膘，还要经常让马舔盐和碱。

在"北风卷地百草折"的冬季，草原是一片白茫茫的世界。白毛雪对畜群的袭击是惨烈的，这成为抗灾保畜的关键。冬季牧场一定要选择在避风和暖和的地方。冬季要充分利用天然牧场，因植株较低的地方容易被漫天积雪覆盖，所以首先要利用植株较低的牧场。等到积雪覆盖后，就把牧群赶到植株较高的地方，当零下二三十度时，要把马群赶到低凹背风的地方。为防止马匹冻饿而死，一定要让马群游动慢走。古代的《金宫祭奠》祝祷词里表现出对保护马的祷祈：

不要误入崖坎；

不要失踪跑散……

不要落入陷阱；

不要失窃于贼人；

不要生灾害病；

不要碰上猛兽凶禽。

在牧马时要注意幼畜和孕畜，不让孕畜和幼畜喝过凉的水，不吃霜草，并加些精饲料。对于病畜要格外关照并加以医治。

（二）牧羊

马与羊是游牧经济的主体。赵珙《蒙鞑备录》说，蒙古人"其为生涯，只是饮马乳以塞饥渴，凡一牝马之乳可饱三人，出入只是饮马乳，或宰羊为粮。故彼国中有一马者必有六七羊，谓如有百马者，必有六七百羊群也"。

在传统的牧业中，牧人称大牲畜为"散畜"有时可以不跟人放牧，但是羊必须跟人放牧。牧羊人早出晚归。出牧、归牧时多采用"一条鞭"放牧法，在牧地采取"满天星"放牧法。牧羊人要驯好头羊。羊三百只上下为一群。如骑马或骑驴放羊，羊群可达五六百只。因此驯好头羊利于放牧。《松漠纪闻》云：

北羊有角者，百无二三味，极珍善。牧者每群必置北边北羊数头，仗其勇，牧行必居前，遇水先涉，群羊随其后。

春季为"换青"的季节，此时连天的芳草并没有长出来，但是草原地暖，羊已经嗅到了新鲜芳草的气味，不愿再嚼枯草。况且羊的视力有限，常把枯草当成青草，因此常跑冤枉路，牧民谓之"检青"。这样一来，经冬而体瘦的羊依然吃不饱，况且经过羊啃的草再生能力较差，对草场不利，这就需要躲青拢群。所谓"躲青"，就是要先避开刚钻出土地的嫩草，"拢群"就是把羊集中在一起，防止其乱跑。先领羊吃阴坡的干草，待青草长出后，再吃阳坡的草。经过严冬后，有的羊身体非常瘦弱，牧人称为"乏羊"，因此要视品种、公母、年龄、体力而分群放牧。把羔羊放牧在离家较近的地方，草好路又近的地方留给乏羊，让壮羊跑得远些。

夏季不比春季，羊群可以大一些。牧人要选择凉爽、通风的地方放牧，还特别要掌握方向，一般上午顺风出顶风归，下午顶风出顺风归。由于群大羊多，病弱的羊挤不过其他的羊，往往喝不上水，牧人要让其分批饮水。夏季需饮水两次，并适当地舔些盐。在缺水地区，禁喝"死水泡子"的水，水不洁净，容易中毒。赤日炎炎，要在进入抓膘以前，抓紧做完剪羊毛、修蹄等工作。

秋日天空澄碧，秋高气爽，是羊上膘的季节。上膘的关键是多吃草，少跑路。牧人说："人在前，压住头，一步一步吃着走"，要避免光走不吃的现象。牧人说："一天能吃三个饱，一年能下两个羔。""羊吃两个饱，一年两个羔，羊吃一个饱，性命也难保。"绵羊的采食能力很强，喜欢挑食小草、小叶，大牲畜不能利用的低矮草场都适于牧羊。羊为反刍动物，长有臼齿，可以粗嚼粗饲料，让羊吃饱吃足后，要有一段间歇的反刍时间，这样羊易上膘。秋天要尽量延长放牧时间，稳游慢赶。牧人说："夏抓肉膘，秋抓油膘，有肉有油，冬春不愁。"

冬季酷寒，要采取早晨顶风出牧，傍晚顺风归牧的方法。老幼病弱的羊经不起大风雪的袭击，除自然淘汰外，可以单独组群放

图 6　牧羊（阴山岩画）

牧。冬季牧羊注意孕畜，不让其跳沟、不恐吓它，不使之饮冰茬水。

（三）牧牛

牛在五畜中占有极为重要的地位。蒙古族的谜语说：

> 为了子孙奔波，
>
> 致使门牙脱落；
>
> 为防恶敌挑衅，
>
> 头顶两把利剑；
>
> 为除蚊虫吸血，
>
> 佩着五尺长鞭。

这里抓住了牛的特征——牙、犄角、尾巴，突出了牛的形象。《蒙古秘史》第121节还记载了这样一个有趣的传说，在成吉思汗统一蒙古诸部的鏖战中，与札木合的战斗尤为激烈。一个巫师说，一头惨白色的牛，要撞札木合的车，另一条黄色的牛拉着一条车，声称天神地祇都同意让铁木真（成吉思汗）为王。牛能够预示出札木合的失败和成吉思汗的胜利，可见牛为牧人的吉祥物。

图 7　牧牛（阴山岩画）

　　牧人之家，每户有牛少则一头，多则数十头，有乳牛、犍牛和牤牛三种。乳牛是用来挤奶和繁殖的，犍牛是用来拉车和肉食的，牤牛是为乳牛配种的。

　　牛为大牲畜，能吃到较高的草。春季最好把牛赶到有碱的洼地及有积雪的地方，牛吃了碱能增加抗寒力。

　　夏季是牛产乳的季节。蒙古牧人历来把洁白的乳汁视为高级食品。在布里亚特蒙古人中，传说女神的奶淌出而形成天河。这种说法和欧洲许多民族称银河为"牛奶路"非常相似。在牧人的意念里，奶为最圣洁的食物。夏季取乳时，清晨把乳牛放出去吃草，而把牛犊放在蒙古包近处吃草，乳牛吃饱草自己回来给牛犊喂奶，牧人先让牛犊吃，然后把牛犊圈起，开始挤奶。下午依旧如此。因为白天炎热，母牛常在夜里吃草，夜里牛犊另圈。牧人妇女从早到晚忙碌，她们要把洁白的乳汁制成鲜美的奶制品。

秋季是牛生长至关重要的季节。他们注意选择在长满白蒿和它恩草的牧场上放牧，因为牛特别爱吃这两种草。注意让牛每天喝到一次水，尽量延长放牧时间，使牛长膘。

在白雪封冻之前，要在寒冷多风的地方放牧二十天左右，增加牛的御寒能力。气候寒冷要及时清除牛卧的地方上的雪及牛粪。牧人说："牛喂三九，马喂三伏。"冬日一定让牛吃饱。

役牛一般比较劳累，劳役后，不要让它马上进食，让它歇一歇，这样使牛增加食欲，以利健康。

富有雄性性格的种公牛体魄强壮，身材高大，极易顶撞人。种公牛如果发起脾气，可把人撞倒，甚至顶死。牧人在接近种公牛时要轻轻地抚摸，为其擦身，给其以平静和耐心。切忌粗暴喊骂，棍棒鞭打，畜通人性，人予其和善，畜还人以驯服。

（四）牧驼

草原牧人视骆驼为灵物。鄂尔多斯人在祝赞词中称赞骆驼有鼠的耳朵，牛的蹄瓣，虎的指爪，兔的嘴唇，龙的脖颈，狗的大腿，蛇的眼睛，马的鬃领，羊的绒毛，猴的屁股，鸡的冠子，猪的尾巴。骆驼是集十二属相为一身，博采众兽之长的灵物。更有意思的是，在东部蒙古地区的婚礼上，男方常常要问女方的小名。男方由祝词家代问，女方由嫂子替答，其词曰：

姑娘的属相是骆驼，骆驼的属相贝乐（对女孩子的亲切称呼）的名。

姑娘的属相是黄羊，黄羊的属相洪格尔（对情人的尊称）的名。

在蒙古牧人的审美观念中，骆驼是与牧人的生活相伴相依的吉祥物。

东晋人郭璞在《橐驼赞》中说："驼惟奇畜，肉鞍是被。迅骛流沙，显功绝地。潜识泉涌，微乎其智。"骆驼的用处非常广泛，举凡蒙古包的搬迁，水、盐、粮食、畜产品及日用百货的运输及探亲访友、婚丧娶嫁全需要骆驼。戈壁草原盛

产的是双峰驼，其躯体粗壮，肌肉发达，毛色多为杏黄色和
紫红色，白色、褐色次之。

图 8　鄂尔多斯青铜饰牌上的双峰驼

骆驼性灵，比起羊来，放牧容易。驼群不宜太大，一般
为几十只。春季最好喂些干草。如有较好的草场，有灌木丛
和有碱土的地方，也可以不喂。驼在夏季需人放牧。驼爱吃
有碱性的蒿草、它恩草及野葱，此外驼还喜吃柳树及榆树的
枝叶。驼不喜喝泉水、河水及活水，有碱性的水为最好。春
季正是骆驼脱毛的季节，其全身脱毛后似裸体，这时牧人要
抓毛拾毛。夏季是骆驼容易生疮长瘤的季节。要照顾其饮水，
防其生病、害眼。放牧时要慢牧慢赶。

秋季是驼抓膘的关键，驼最爱吃尖草。吃草后要喂以适当

的碱，不让驼因贪吃尖草而忘吃碱。天凉有雨时，要把骆驼赶到沙地上去。冬季主要在砂砣草、硬草和灌木丛的地方放牧，最好吃有碱性的草。

骆驼可乘可驮可挽，但并非生而有之，而需牧人调养。据近代方志《内蒙古纪要》记载：

其三岁以下，不堪负载，应至八岁，方能胜任。当其负载之初，由轻而重，须渐次练进。其负担力载之法，先使跪下，载物终后，再使之起。

骆驼本不会卧，也不让人接近，驯养时需把骆驼摔倒在地，用鼻棍子牵住，在前两腿上绑上绳子，用力拉，让其习惯于卧下，并驯其走路时不发出声音。

牧人常用骆驼驮盐，驮盐之前，必须吊水。所谓"吊"，即不给草吃，不给水喝。经过"吊水"的骆驼保得住膘，忍饥耐饿，不至生病。一般需"吊"三次，第一次吊四至六天，第二次吊八天，第三次"吊"二天，这样骆驼膘肥体壮。

图 9　锡盟西苏旗毡绣骆驼鞍子　锡盟黄旗驼鞍

　　夏季燥热，风沙大，行路应在早晚之间，休息中间将骆驼吊起来，此时最忌吃热草，也不易给水，待日落后，再给草给水。秋季白天行路，夜晚吊起，第二天早晨给水吃草。

　　蒙古族使用骆驼有漫长的历史。《盐铁论》记："驴骡、橐驼，北狄之常畜也。"《蒙古秘史》第 64 节有"黑色的骆驼""青色的骆驼"驾着车的记载。古代蒙古人的白驼车，就是其皇后的上乘，被人们称为"白雪公主"。根据化石档案记载，在地球上大约几十万年以前就有了骆驼，在古老的阴山岩画上，早就记载了蒙古牧人驯养骆驼的历史。

三　金色的牧场

　　牧人的生存依赖于牲畜，而牲畜的繁殖存活依赖于牧场。逐水草而居的草原游牧民并不是在茫茫草原上随意放牧，而必须受制于环境条件，必须遵从大自然的规律，草木的生长具有鲜明的周期性。

　　正像大雁按季节南飞北返一样，游牧民族的生产活动也按季节迁徙，以适应大自然的节律。草场的质量决定游牧生产的增长速度。那些水草丰美的草场，是牲畜的生命线，也是牧人眼中的风景线。蒙古人喜欢金黄色，他们称牧场为金牧场。

　　金牧场给予牲畜以生命，金牧场给予牧人以希望。

（一）追逐水草的迁徙

　　天湛蓝，高远；地碧绿，辽阔。那是一个清新鲜活的世界，因为它永远孕育着生命，接受着生命。在这生命跃动的草原上，你常常可以看到这样的景观：在牧草繁茂的草原，十几辆勒勒车组成的车队鱼贯而行，如首尾相接的小舟迎着初升的太阳前进，"叮当叮当"的车铃之声，为那春的原野、秋的原野、花的原野、雪的原野增添了生活的色彩。"勒勒"是牧人吆喝牲畜的声音。

勒勒车是什么？勒勒车是牧人企盼牲畜繁殖的福音。牧人"行则车为室，止则毡为庐"，过着逐水草而居的生活。多桑《蒙古史》云：

此种游牧民族因家畜之需食，常常不断之迁徙。一旦牧地牧草已罄，即卸其帐，其杂物器具以及最幼之儿童，载之畜背，往求新牧地。每部落各有其标志，印于家畜毛上，各部落各有其地段，有界限之，在此段内，随季候而迁徙。

为什么牧业民族有"游动王国"之称呢？

牲畜需草与水才能生存。提起草原，人们就联想起连天的芳草，无垠的绿色，其实"离离原上草，一岁一枯荣"，属于干旱草原的内蒙古高原的气候是四季分明的。《黑鞑事略》记云：

其地气候寒冽，无四时八节，四月八月常雪。其地草五月始青，八月又枯。

牧畜，并非把牛羊漫无边际地赶向草原，而是要考虑牧场的合理使用。大自然赐予的绿地是有限的。牧草的生长也是有周期的。从一个牧场游动到另一个牧场，不仅是为了保护牧畜的饲料，而且也为了恢复使用牧场的繁殖力。以便在一个生产周期相对的季节有可能重新返回。

除草外，牲畜还需要水，水是牧业的生命线。内蒙古高原属于干旱草原。水源并不充足。《清稗类钞·蒙古道路》条云：

> 由张家口至库伦都凡三千六百里，出张家口，一望皆沙漠，淡水殊少……

其地理位置偏北，地处高寒，干燥少水，孟秋即雪。牧人谓暴风雪为"白灾"，无水干旱为"黑灾"。牲畜的生存需草需水，因此经不起"黑灾""白灾"的袭击。据作者调查，在西部阿拉善地区一牧民原有几百只大牲畜，但因"黑灾"，纷纷倒毙。为了给牲畜寻找水源，必须迁徙。

迁徙的意义并不仅仅是寻找水草丰美、利于养畜的地域，迁徙还有一个意义，即使经过了牲畜采食后的牧场得到恢复，以利于牧草的生长。保持草原的生态环境，以利于今后的牧业。清人叶大匡在《杜尔伯特旗调查报告》中说：

　　无论青草如何繁茂，经牧十日遂即一片黄沙，必须移牧他处。不特冀留草根，以待滋蔓，即牧畜无食，亦必逃亡。蒙古人逐水草而居，正以养牧之故，亦突出于不得已也。

　　草原的游牧存在着多种方式，其中主要包括：

图 10　牲畜倒场（阴山岩画）

　　第一，多次迁徙。一年之中搬迁十次之多。这样的迁徙历史上曾有过，近代已不复存在。

　　第二，一年之中搬迁四次，即春、夏、秋、冬四时营地，牧人迁徙各季营地的规律、时间的分配、路线和范围的划定，一般来说是比较固定的，但也要看水草是否丰足而定。

　　第三，一年之中搬迁二次，即冬营地和夏营地。

　　第四，走"敖特尔"。走"敖特尔"即走场、游牧之意。走"敖特尔"是除了季节固定的牧场之外，还选择其他牧场游牧，其目的是为了抓膘。牧人说："性格豪爽人人敬，牲畜有膘个个夸。"

　　选择牧场的条件是以自然地形、气候、水源为依据的。

近代方志《内蒙古纪要》云：

> 春季雪融，则居低洼之乡，以就天然水草，草尽而去。年复一年，都于一定之境内，渐次移转。其倾全力以采索者，惟水与草。至若冬季，霏雪凝冰，低地早已不能得水，即草根亦被雪淹无遗。必先选居山阴，冰足以资人之饮啖。草根之没于雪者稍浅，家畜赖以掘食。

目前内蒙古呼伦贝尔市大部和锡林郭勒盟部分地区划分四季或三季营地外，大部分地区实行两季营地，一般是冬春为一营地，夏秋为一营地。依赖粗放的天然牧场，"夏饱、秋肥、冬瘦、春死"成为养畜之规律。因此牧场的选择成为维护牲畜的生命线。

"敕勒川，阴山下，天似穹庐，笼罩四野。天苍苍，野茫茫，风吹草低见牛羊。"这是一幅夏季牧场的游牧图。夏季牧草长得高过芦苇，艾蒿长得高过柳林，与草原一色的是雪白的羊，与旷野一色的是火红的牛；风卷草野，才能见到草间闪动的驼峰和轻舟似的马背。草场繁茂，野花吐芳，这是由于雨水充沛。夏季的营地要选择地势较高、凉爽通风，有充足水源的地方。若不通风，牲畜的采食会受到影响。牧人为使牧草繁茂，遵循着不在别人的冬营地放牧的原则。

　　秋季的草原像雨后初霁的天空一样变幻着色彩。初秋，草野为齐刷刷的绿色，在深与浅的自然搭配中，显出了一片和谐；中秋，牧草的株枝上已经孕育着结实，在秋风摇曳中露出沉甸甸的喜悦；深秋，草由深绿变为淡黄、深黄……这时的草具有较高的营养价值。牧人选择秋营地要注意两点：(1) 草场的地势较低、平坦而开阔；(2) 选择多汁而又枯黄较晚的草场。

　　冬季的草原需要雪水的滋养。草原的白雪在春天化为铺天的绿。但是，被牧人称为"白灾"的暴风雪的袭击是惨烈的，由于地处高原，气候复杂多变，初为晴日，须臾为雪。对"朔漠大风雪，羊马驮畜尽死"的记载史不绝书。所以冬营地的选择是至关重要的。冬营地要选择避风、低凹、向阳的地方，盆地最佳。另外要选择牧草密集、面积大、植株高的地方，牧草不易被大雪覆盖。冬营地上最好有水井和棚圈的设施。

　　春天是衰草由枯而返绿的季节。成吉思汗时期曾有"春三月，主凶"的说法。由于早春气候乍暖还寒，牧草又刚刚开始返青，已经熬过严冬的牲畜非常瘦弱，经不起气候骤冷骤热的变化和缺草的威胁，因此春营地要选择开阔、向阳、风小的地方。

春夏秋冬四季营地为固定营盘，其具体放牧的地域却要轮换。在夏秋季节一般3～6天更换一次，冬季初期则10～15天更换一次，在春光融融时羯羊和育成羊7～10天更换一次，降雪后3～5天更换一次。绿色的草原是自然给予人的生存环境，累积了千百年牧业经验的牧人早就掌握了生态平衡的规律。其逐水草而居不仅仅为眼前牛羊遍地，而且为保护牲畜生存的永久依赖——大自然赐给牧人的金牧场。无垠的绿色，维系着牲畜的生命，凝聚着牧人的希望。牧人的一生都在追随自己的金牧场。

（二）满天星·一条鞭

游牧的方法古已有之。在古朴的阴山岩画上就有牲畜倒场的画面。例如在1358图上，马队排成横列前行，其后有骑者驱马追随。在第1210图上，原画面为两匹马与一只鹿鱼贯而行，而后又新增添了前、后各一骑者。据当代学者盖山林先生考察，前后各一骑者为倒场时的状况。早在遥远的古代，内蒙古地区的牧场已划分为冬春夏秋两季牧场。

牧人早就积累了丰富的放牧经验。《蒙古秘史》第118

节说:

> 依山居住，牧马的人可得帐房住；
>
> 靠水居住，牧羊的人可得饮食吃。

牲畜为活物。马、牛、羊、驼的习性各不相同。驼属大牲畜，羊为小牲畜，其步伐快慢不一致。马群爱成群的奔跑，哪怕奔跑到天缘地边。牛三三两两低头漫步，走一步，停二停。驼与羊吃草的比例为一与十，大牲畜会妨碍小牲畜吃草。牧人说:"马不吃夜草不肥，羊不吃早草不壮。"而牛冬季白天吃草，至于夏季则白天贪睡，夜间吃草不停。从生物学的观点看来，不同的牲畜有不同的生物钟，所以需分群放牧。

以传统牧业为主的内蒙古大草原是富庶的。据不完全统计，其饲用的植物达五百种。其中羊草、冰草、糙隐子草、针茅草、冷蒿、黄花苜蓿、草木栖、钭苓黄蓍等牧草的营养价值最高，为各种家畜喜食。但是马牛羊驼的习性不同，所食之草不完全相同。《清稗类钞·阿里克牧务》云:

> 草贵有碱性，而牛羊马所饮之水不宜碱，碱水唯驼为宜。

又云:

> 低地土带碱质，草含碱性，食之肥。高地上土质坚实，草茎粗韧，食之壮。春夏宜低，秋冬宜高。

由于五畜的习性不同，为保护牧人世代赖以生存的金色的牧场，分群放牧利于芳草的繁茂生长。《清稗类钞·阿里克牧务》载：

> 羊得秋气，足以杀物。牛得春气，足以生物。羊食之地，次年春草必疏。牛食之地，次年春草必密。草经羊食者，下次根短一节，一经牛食者，下次根必长一节。牛羊群相间而牧，翌年之草始匀。

在阴山岩画上，就有多幅分群放牧的画面，足见其历史的悠久。另外，早春为萋萋芳草生长的季节，晚秋关乎到来年草场的质量，这两个时期为禁牧期。禁牧期要轻牧或以干草补充。

在牧业生活中，牧人创造了多种游牧方式：

其一，赶牧。牧人在畜群的后面或侧面控制牲畜，其前进的速度取决于体壮的牲畜或"头羊"的行动。这种方式一般用于荒漠、半荒漠地区，其优点为牲畜可自由采食，缺点为草场的利用不均匀、不充分。

其二，领牧。领牧方式与赶牧的方式不同。领牧的方式是牧民走在畜群的前面，面对牲畜，观察牲畜采食情况，缓慢向后退，以控制畜群前进的速度。领牧方式有时需用两人，一人在前，另一人在后，负责控制两侧的牲畜，并把落后的牲畜赶入群中。牧人应注意控制放牧速度的快慢，既避免牲畜不能饱食，又注意草场的利用不过重。

其三，天牧和瞭牧。以往马、牛、骆驼等大牲畜都不跟人放牧，牧人十天左右察看一下，此为"天牧"或"瞭牧"。今阴山西段狼山地区还有这种方式存在。此种方法适用于高山地区，但相对来说，是一种较为落后的方式。牧人在天牧时还对牲畜有梦牵魂绕的挂念，他们叮咛着牲畜："不要误入崖坎/不要失踪跑散/……不要落入陷阱/不要失窃于贼人/不要生灾害病/不要碰上猛兽凶禽。"这样的祷祝，表现了牧人对牲畜的关切。

图11　满天星放牧（阴山岩画）

从放牧的队形看，牲畜分布有两种方式。一谓满天星式。满天星式是牲畜均匀地散布在草场上，不分首尾，而呈松散自由的形式。这种队形可适用于各种地形和不同的季节。阴山岩画上有多幅满天星式的放牧图，牲畜如珍珠般撒在草原上。另一种形式谓"一条鞭式"。牲畜单层整齐地排成一列，牧民面对畜群左右走动并缓退，其队形横列前进，谓一条鞭式。位于伊和哈布其勒北的阴山岩画上数只羊一字排开，画面左边为一只大岩羊领路，右上方为人，表现的就是一条鞭式。

图12　"一条鞭"放牧（阴山岩画）

牧人往往依草场、季节、牲畜种类、采食情况来变换放牧队形。刚出牧时，牧民一般采用一条鞭队形，以稳住羊群吃草，待吃饱后，则散开呈满天星队形。牧民采用各种方法控制羊群，为的是让牲畜吃好，适当利用牧场。

（三）草原打狼

狼——这种特有的野生动物出没在草滩和沙漠中，与牧人的生存结下了不解之缘。在历史久远的阴山岩画上，就有狼的图像。从生物学的观点看来，狼是破坏牧群的凶恶野兽。牧人说："狼吃羊，一溜趄；狼吃驴，不费力；狼吃鸡，当儿戏；狼吃驼，拉鼻拘……"人们说："白灾（雪灾）黑灾（旱灾）都是灾，就怕牲灵遭狼害。"半个世纪之前或更久远的时间，狼给草原牧民带来了极大的危害。

关于狼吞噬牲畜的现象，草原上还留下了一个传说。大意是：成吉思汗战败时在祈祷苍天，玉皇大帝降下一柄神矛。成吉思汗受到其部下木华黎的启迪祭祀这神矛，并许下愿，如果供奉不足，可以由玉皇大帝差下苍狗（狼）到蒙古人的畜群里如数捕获。原来，狼捉畜群是有缘由的，它具有苍天派出的特使的身份和地位呢！是天帝增加了狼的威风，还是成吉思汗借助于天的神力？不管怎么说，这则传说反映了牧人对狼的畏惧。

狼为出没于大漠草莽间的狰狞野兽，牧人往往忌讳直呼

"狼"这一名字，称狼为"和林闹浩"，意即野狗，甚至于连野狗都不呼，称之为"那布该"，意思是"那玩意儿"。他们特别忌讳吃饭时说"狼"，谁不小心说出"狼"字，就要把"饭碗"扣过来，据说这样就能解除灾祸。狼是凶残的，失掉狼崽的母狼更是凶残的。如果牧人掏了狼崽，母狼会招致群狼一哄而至，每天都发出凄厉的嚎叫、骚扰，搅得人心危惧，羊犬不宁，有时甚至折腾几个月。可恶的狼每晚都要拖走牲畜，有时并不吃，只是扒开牲畜的五脏六腑，抛在一边。有经验的牧人要劝说年轻的牧人放掉狼崽，这是维护自身的安全，也是对小生物的爱怜。

狼是一种极为凶猛狡猾的动物。谓其凶猛，是因为狼吃羊如同儿戏。有一种名为"德力特"的，大狼在白雪皑皑，寻觅不到食物时，常常发出绝望的嚎叫，它竟然龇牙张口吞噬自己的同类——草原狼。谓其狡猾，是因为它的鼻子特别灵敏，能在几十里以外嗅到气味。它走路极轻，神出鬼没，不留踪迹。它在沙滩上走路，大尾巴在后面一扫一扫的，能把自己的脚印扫得一干二净。狼跑的速度极快，其速度可与骏马相比。

牧人的春天是恶狼的末日，世世代代从事牧业的人们积累了丰富的防狼打狼的经验。狼常袭击的是羊群，一只狼冲击羊群，就能咬死四十多只羊。有的羊甚至连啼叫声也没来得及发出，就立时毙命。其破坏性极大。为防狼害，牧人在放牧时常背上火枪。火枪可以打狼和驱赶狼。白天防狼，夜晚更要防狼害。在静谧的草原之夜，恶狼常常如黑影一样在偷袭已经酣睡的羔羊。牧人要在羊圈旁守夜，他们往往睡在崩格里（崩格为暂时休憩的地方）。秋夜，寒气袭人；夏夜，虫子交鸣，牧人都要轮班值夜。为防止狼的侵袭，牧人还在羊圈墙上拉上绳子，狼一般不跳过绳子，有时也做草人立起，狼毕竟怕人，有时亦不敢来；入夜，也在宁静的草原点起粪火，燃烧的粪火对狼起到恐吓的作用。

谈到防止狼害，不能忽略儿马与狗的作用。"羊群遇狼，一命而亡；蠢驴遇狼，不认爹娘"，而马却能抵御凶暴的豺狼，尤其是护群的儿马，更充当着护群的重要角色。在群马中只有一匹护群的公马，它以雄性的阳刚之气成为马群之冠，它是马群的统治者，也是马群安全的佑护者。

在广袤博大的天空下，马群在草原上享受着静谧和平的生活，它们不允许狼的进犯。夏末秋初，狼的隐蔽性很强，俗话说："秋狼月下如穿孝"，此时狼借助于月光在草滩上轻盈地行走，极不易觉察。唯有儿马处于高度的戒备状态。它的头抬得高高的，耳朵一抖一抖地担任着警戒任务。当异类接近马群时，（岂止是狼，它也不让生人接近，如果生人接近，也要挨踢挨咬）它便双耳僵硬，笔直地树立起来，这是它愤怒与自卫的表示，接着长嘶一声，告知放松警惕的伙伴们应该严阵以待。这时所有的马都由震惊而亢奋，双耳直竖，蹬蹄夹尾，做好随时应战的准备。儿马——这草原上最优秀的雄性牲畜首当其冲，它用娴熟的闪、转、腾、跃、扑、撞、尥、踏等动作对付豺狼，尤其是它的前蹄，坚硬地砸向狼的头部，即使被狼咬得遍体鳞伤，在临死前也要踢死一两只狼。

狡猾的狼明白，儿马是群马的卫士，只要把儿马调开，马群就会失去保护者，那么它的同伴就会奇袭马群。儿马看透了老狼的诡计，始终不离开马群一步。所有的马也都紧跟儿马，奋蹄战斗。保护马群是儿马的使命，而维系儿马，又是马群的天职。儿马的驯养，与牧人有关，从选种、交配到驯养饱含着牧人的辛劳，因此剽悍的儿马也是牧人的骄傲。

儿马只是护卫马群防止狼的侵袭，而牧人则要消灭狼害。自古以来，草原上就有灭狼除害的习俗。草原上有个人狩猎与集体狩猎两种形式。对于狼这种异常凶猛的野兽，一般采用集体围猎。

　　集体围猎一般在春、秋两季进行。春季，一般在农历正月下旬开始，端午为最后一次。秋季，一般在农历十月止。围猎的场面十分壮观。牧人挎猎具，骑骏马，牵勇犬，浩浩荡荡。他们一般逆风而行，野鸡惊起，野兔飞窜。围猎前，根据狼的活动划定方圆几十公里的范围，每人的间隔为1～1.5公里。开始围猎时，每个人都从指定位置向中心圈内移动。狼在圈内虽张皇失措，但总想伺机逃出包围圈。这时烈马飞驰，猎狗鸣叫，几十人甚至上百人组成的包围圈密不透风。野性的狼咆哮着，疲于奔命。当包围圈缩小到直径1公里时，人们便勒马停止前进，只让年轻力壮的小伙子冲入狼群。这时雄姿英发的年青牧人各显身手。有的用套马竿套入狼的脖子把狼勒死；也有的投掷布鲁（一种猎具）将狼击死；也有几个人同时持粗捧追打一条狼，使其毙命；有的勇敢者故意让狼咬住自己蒙古袍的下摆，就在这瞬间击中其鼻梁；更有勇敢者，飞身下马直接用蒙古刀将狼捅死。牧人在最后围猎中尽其马之速度，射箭之技能，猎犬之本领。这是一场骑术的比赛，也是一场智慧、勇气、胆量的较量。

图 13　草原打狼

除围打狼外，也熏狼洞，掏狼崽，在靠近江河湖泊的地方，三面合围，将其赶至冰上。坚冰如镜，狼行走极为困难，故能擒之。在冰上与野兽搏斗，别有一番乐趣。

在旷野中，狼的嚎叫非常吓人。牧人说："不怕狗叫羊叫，就怕狼嚎。"在牧区，陪伴牧人的只有马和狗。狗与马一样同为义畜。据说成吉思汗曾给一只"救主人，懂义气"的狗，亲手戴上了一缕自己头上的盔缕，并说："主之贵贱，不变其报主之心；主之荣辱，不移其护主之诚。"草原无论是刮风下雨，还是烈日炎炎，无论是雪封大地，还是黄沙漫漫，狗总是伴随着牧人。在逐水草而居的游牧过程中，白日，狗跟随主人放牧；晚上，狗就卧在蒙古包附近以勒勒车围成的院子里，卧在羊皮上看守羊群。其嗅觉灵敏，动作敏捷，只要稍有动静，狗就会报警，并且亲自投入战斗。

牧人注意对猎犬的选择。在牧人心目中，身高、躯长、腿长、颈长、嘴长、尾长、腰细的猎犬为理想之犬。牧人喜犬爱犬，他们在畜牧、狩猎和家庭生活中都需要犬。他们常常给狗起名字，如"阿尔斯冷"即狮子，"哈力其孜"即苍鹰等。牧人常常为狗装扮、给狗的颈项带上各种饰物。给狗戴狗缨子有保护狗的颈部的作用。

四　五畜兴旺

　　草原牧人称牛、马、山羊、绵羊、骆驼为五畜。牧人食畜肉、饮醴酪、衣皮革、被毡裘、住穹庐。"全部财产皆在于是，家畜供给其一切需要"。农业收获的标志是果实，而牧业收获的标志则是牲畜的头数。谷物的成熟要以一年为周期，对年的解释是"谷熟也"!《榖梁传》记载："五谷皆熟为有年，五谷皆大熟为大有年。"祈年就是祈五谷丰登。牧业经济的周期与农业经济的周期皆然不同，对于游牧民来说，其收获的标志是接羔，其生产周期是两次繁殖之间的这段时间。牲畜是活物，草原孕育着生命，牧人呼唤的是生命的诞生，因为五畜的繁殖关乎着草原的兴旺，关乎着牧人的生存。

　　在成吉思汗的祭奠，亦称"金宫祭奠"上有这样的祝祷词：

　　　　三岁母驼，

　　　　孳生成为三十万，

四岁母驼，

孳生成为四十万。

咯软咯软反刍时，

嘴里食物满满。

祈求五畜兴旺是牧人的由衷心愿。在牲畜的交配、繁殖、调养、成长的过程中也倾注了牧人的心血与汗水。

图14　蒙古包与五畜图案（《蒙古族民间美术》）

（一）牲畜的阉割与交配

五谷丰登的标志是籽实饱满，五畜兴旺的标志是牲畜繁殖得快，并产优质毛，多产乳。活跳的牲畜是牧人的宝贵财富，它给予牧人生活的保障，也给予牧人精神的欢愉。

为了繁殖优良的幼畜，必须在成龄的牲畜中选择种畜。种马在三四岁时开始选择，有经验的牧人根据已配过种的公马所生的马驹的体质情况选择，看其相貌、观其吃草、视其奔跑。因为马有时不跟人放牧，所以过去马驹常被狼吃掉，牧人也忌讳用这样的公马配种，认为不吉祥。选择儿马的标准是毛色纯正，头端胸满，耳要直立，眼大有神，躯体健美，蹄质坚硬，行路稳快。头不宜过粗过大，毛色也不要过杂过花。有经验的牧人以牙齿断定马的年龄：

　　　　一对牙叫乳门齿，两侧一对是中齿。

　　　　中齿两侧为隅齿，一岁二岁长乳齿。

　　　　一月有余出中齿，六岁全部换乳齿。

牛在 2 岁时选种。有经验的牧人把牛拴在并排的桩子上观察。在离牛 4～5 米的地方站着，先观察牛的头与颈，前肢肢势及胸腹宽度，再观察牛的右侧，鉴别牛的头颈及体躯各部分的结合情况，然后从牛的后侧观察牛的后躯发育状况。种公牛的标准是毛色有光，头部宽大，颈上肌肉发达，中躯呈椭圆形，背线平直，生殖器官健全。乳牛也要选择。与种公牛的头部宽大相反，乳牛应头小而长，颈部稍有皱纹，腹大而圆，背腰平直，乳房为椭圆形，乳腺发达，四肢强壮。

骆驼一般在三岁时留种。种公驼的标准是毛色美丽，牙口整齐，身体匀称，骨骼粗壮，皮坚肉厚，蹄大而端，健步能驮，不喜吼叫。

种羊要在 1 岁时选择。选择种绵羊的标准是毛色洁白而无杂色，毛质细长柔软而多弯曲，尾圆而长，体格肥壮，在肉、奶、皮三方面都属上乘的血统。选择种山羊的标准是毛色洁白且修长，毛的质量绒厚而不易脱落，观察羊毛的细度、密度、长度。最好是一胎生两个羔的，但不要一年生二次的血统。

牲畜的交配与繁殖关系牧业的收获，牧民早就掌握了控制牲畜交配与繁殖的技术。在 11, 12 世纪蒙古族已经在畜牧业生产方面掌握了去势术。成吉思汗在 1189 年所建立的汗廷任用的人员中，既有善于放牧骟马的，也有专门放牧母马的。羊也实行去势，以牝羊繁殖，以羯羊食用或贸易。去势术的广泛采用是畜牧业发展成熟的重要标志。

除分群放牧禁止其自由交配外，还采用各种人工方法进行阉割。其方法包括：

带胯裆：胯裆是用毡片做成的，从春正月开始给种羊带上胯裆，把其交配控制在八九月间，使其春季下羔，能吃上青草。

火骟法：切开阴囊，将大牲畜的睾丸暴露于切口之外，用烧红的烙铁烙断其精索。

水骟法：切开阴囊，用手将睾丸挤出，往精索上倒药液，用手反复按压，使精索断裂。

夹骟法：使睾丸露在切口之外的地方，用夹板夹住，然后切除。

阉割大牲畜要靠几个牧人的合作。阉割牛时先由一人用绳套拉住牛角，再由一人以绳拉住牛颈，用一条绳缚住其腰，这时牛蹦跳吼叫，不肯就范，两方需用力拉紧，将牛按倒在地，如果手稍一放松，不但制服不了牛，反而会被牛顶撞。还有一人以一绳缚其四足于股前，用脚踩住牛尾或结在捆牛的绳子上，这样才能操作。

在此顺便提一下给细毛羊的断尾。细毛羊尾巴细长，左右摆动易造成污染，且配种不便，所以在羔羊生下后即实行断尾。断尾方法一为热断法，即持烧红的断尾铲或断尾钳轻压烧烙。另一为结扎法，即用橡皮圈紧扎在其第三、四尾处，尾的下部会自由脱落。

有的地区有这样的习俗：在阉割牲畜的三天内，不能借给别人东西，也不能向别人借东西，如果在这期间互相借贷的话，被认为减少福、禄、寿。

春季，大自然女神收敛了她的残忍与狂暴，绿草怀着满身颤抖扑向那温暖的大地，大地又接受着春风的时时亲昵。马群如潮，嘶鸣喧啸，草原似乎是属于它们的，它们给草原带来了欢腾。

这是群马在绿茵如盖的牧场上跑青的季节，也是公马发情的季节。

熬过了漫长的冬日，牧人首先把母马组成一群，母马群一般不超过300匹。他们把母马群赶到水草丰腴的地方，让母马不受外界骚扰，静静地吃草，抓膘上肥，为其做母亲而做好准备。然后建立小群，按公母的比例先放到骟马群里，它们同饮水同吃草，互相追逐嬉戏，公马熟悉了母马的性情，母马也给予公马以温存。最后在天亮前给马饮水，把整个大群圈在一块平坦碧绿的草地上，体力强盛、毛色闪亮、雄健潇洒的公马以强者的姿态在草原上奔驰，寻找自己的"情种"；而一匹匹母马也为公马的健美所折服，那是开满鲜花的草原，也是孕育着生命的草原。

大部分公马是霸群择偶的强者，也有的公马性欲不高，牧人把这样的公马拴在桩子上，让它只能看见母马群的影子而不能接近母马，过三四天再放之于母马群内。牧人也有办法对付空怀的母马，将他们置之于雄壮强健的公马群内，使之怀胎。

春天的草原，回荡着生命的旋律。骆驼也是在春天交配。发情的公驼的性情十分暴虐，威风凛凛，不可一世，两只眼睛红红的，见到人就像见到自己的情敌一样，用嘴咬人，用后臀拱人。《蒙古秘史》里有这样的描绘："像咬驼羔后腿的雄骆驼，像在风雪里奔冲的雄狼……"母驼在发情时则比较安静，牧人的敏锐的目光也往往观察不出来，便请公驼帮忙探试。牧人把公驼牵到母驼后面，如果母驼静卧，显出温柔驯良的样子，就是发情。如果母驼一下子跳起来，迅速闪开，躲开公驼，就是不发情。母驼受孕后便避开公驼，不避开则是没受孕。

　　虽然春天的季节也是母羊孕育生命的季节，可为了使母羊能够在第二年春季下羔，牧人控制羊在秋天自由交配。盛夏之后，秋天的草原仍具有神话般的迷人色彩。秋天的云彩，停在天上不愿意游动，像一块块白玉镶在蓝色的丝绒上。天，显得格外高远，像特大的毡包扣在草原上，山川、河流、奇花、异草具有独特的韵味。在这如诗如画般的草原上，母羊咩咩地叫着，公羊与其嬉戏追逐，在这活跳的生命的追逐中孕育着新的生命。

　　静谧不属于草原，草原永远是欢腾的。

（二）生育及驯养

　　草原牧人为草原的空旷和寂寥而感到开阔与放达，也为草原的沸腾与喧闹而感到惬意与欣慰——马群在飞驰，牛羊在滚动，驼群发出了叫声。牛入栏了，羊归圈了，其叫声此起彼伏，时高时低，时长时短，错错落落，对于牧人，这是世界上最动听的交响乐，因为这是生命的勃发，生命的欢跳。

　　牧人最忙的季节是春季接羔的季节，特别需要照料的是羊羔。

牧人关照临产的母羊，不让其喝过冷的水、吃冰冻的饲料，震、跳、跌、打和恫吓都可造成母羊流产。牧人观察如果乳汁变白，则标志着其产期离近了。牧人更为密切重视母羊的动向。产出时，母羊极度不安，时起时卧，不停地咩咩直叫，左右顾盼，这时牧人让羊静卧在一个干净的地方，待其慢慢产出。绵羊生羔较快，而山羊则要延续几个小时。当其分娩时间过长，会形成难产或胎羔窒息死亡，此时牧人要采取种种方法助产：可以按摩；可以帮助母羊站立，使其后肢高高抬起；亦可以驱羊慢慢走动；还可以以手相助。放牧与接羔是同时进行的，所以羊生产常常在野外。塞外天气，乍暖还寒，甚至北风呼啸，所以牧人放牧时要背上接羔袋。接羔袋是用毡子制作的，有时也用熟过的皮子缝制，一般为1米左右的长方形，上面有盖子，有的还用棕色的毛织成粗犷的吉祥图案，表明牧羊人收获时的欣喜。牧人还把羔羊的肚脐上护上布的脐带。当他们把羔羊放入圈内时，总是亲切地说："孩子，去吧。"小羊羔开始以困惑的眼光接触这神秘新奇的世界，给它以温暖的是它的主人。为防止羊挨冻，有的还给羔羊包以毡片。有的地区在屋外掘一大坑，坑底铺着厚厚的羔粪沫，其上排以木板或木棍再垫以毡或皮，毡皮或粪沫都有保暖作用。

那个毛乎乎、湿漉漉的小东西降临后，它急于寻找的是它的母亲。牧人为帮助幼子寻母，往往诱使母羊舐拭羔羊身上的黏液。有些细毛羔羊，身上有较多的黄色胎脂，母羊不愿舐羔，可在羔羊身上撒些麸皮，母亲辨出自己幼子的气味，就允许幼子吃乳了。但是也有的母羊不识子，尤其是二岁母羊不要自己的羔子是常事。这时牧人妇女往往把小羊羔揽在自己的怀里，抱至母羊旁边，并挤出几滴乳白色的乳汁滴在羔羊身上。这时，她们以委婉悠扬的调子唱起了一支传统的动听的劝羊歌：

台格，台格——

台格，台格——

……

是诉说；是抒发；是期盼；那歌声不管是在白昼还是在深夜，都在柔情中含着凄婉，都具有回肠九曲的诗的动情力。母羊驻足视听，牧女反复吟唱，终于母羊的眼中滴出大滴大滴的泪水，它回过头来，深情地舐着新生的羔羊，羔羊还报母亲以动情的亲昵，牧女的脸上泛起了欣慰与疲惫的微笑。

有的母羊产后死去，需人工喂乳。人工喂乳牧民使用牛角奶羔器。《内蒙古纪要》载：

犊及羊仔当母乳不足，则用虚中之牛角；包以母羊乳皮，制造恍若乳房之形，以为饲器。

其制法是把一牛角尖钻通，把布片包在牛角尖上，然后在牛角里注入奶，供小羊羔吸吮。

牧人祈盼羔羊成活的焦虑心情，在成吉思汗的祭奠里有这样的祷祝：

> 万只羊羔打响鼻的时候，
> 牵动万人的心肠。
> 打哈欠的时候，
> 牵动云彩的流向。
> 刨蹄子的时候，
> 牵动皮肉的紧张……

牧人对羊羔的关切溢于言表。

图 15　匈奴时期青铜器上的动物饰纹

（内蒙古鄂尔多斯出土）

　　牧人说："骒马下驹，转眼落地"，这比喻母马下驹很快，其实母马分娩同样经历一个痛苦的过程。当母马临产时，它步履凝重而行动迟缓，心事重重而似有所期。当它感到在它的腹中躁动了 10 个月的小生命要降临时，它便在一处平整僻静的草滩上躺卧下来，它的眼神随着吃力的痉挛而变化，时而充满疲惫，时而流漾着美丽的哀怨，小马诞生在这深刻的痛感与挣扎中。母马产驹后如释重负地吁嘶一声，为幼驹舔净那沾满血污的身体。牧人说："马为义畜，从不弃子。"接着便开始哺乳。小生命天生是草原的儿子，几乎刚刚脱离母体，它便挣扎着站立起来，细细长长的小腿儿脆弱地支撑着身体，当幼驹出现困难时，母马用口叼起幼驹，帮助其反复站立，过不了多少时候幼驹就跟随着母马颠跑在牧野了。牧人在母马生产后给予特殊照顾，常喂些精饲料。如母马难产死去，更是像喂养婴儿一样疼爱马驹，他们在马驹生下后，就给他起了好听的名字。

马一般不用牧人助产，而牛则需要牧人助产。临产前，牧人密切注意其临产的征候。当母牛食欲停止、时起时卧、回首顾盼时，说明其临产的时期到来了。牧人首先要掌握助产的时间，助产的过早、过迟或失当都可能引起胎儿的死亡和母牛产后的疾病。当牛犊的头与前身伸出体外时，应握住幼犊的前肢，徐徐往母牛腹下方向抽出幼犊。若倒产时，犊牛易窒息而死，应紧握犊牛后肢，迅速拉出犊牛，动作要敏捷迅速。当黄黄的小牛犊降生后，接受母亲初乳的哺育时，牧人庆贺又一个新生命的诞生。

　　骆驼是草原牧人喜爱的吉祥之物，母驼一般在 1—3 月前分娩。母驼比母马容易流产，所以牧人要时刻照顾孕畜。母驼怀孕后一般与其他骆驼分开管理；禁止驱赶骆驼奔跑，禁止骆驼在冰雪中躺卧，更禁止骑、挽母驼。当母驼坐卧不宁，发出阵阵哀鸣时，则呼唤着牧人的照应。母驼生产时经常于左侧躺卧，像其他母畜一样，在挣扎中希冀，在希冀中期待，终于酷似母驼的驼羔降生在地，蜷卧在牧人早已准备好的牧草上。疲惫的母驼有时不舐犊，把那个可怜兮兮的小东西丢在一旁。为使母驼认子，草原上流行着另一种习俗：一位牧人从毡房里拿出马头琴，面对母驼，悠扬婉转的琴声响起来了，是规劝，是希冀，是企盼。声音似从牧人的心底发出来，回荡在整个草原；又从草原的回旋往复中回到牧人的心底，母驼终于被这抑扬顿挫的琴声所感召，驯服地低下头，任小驼羔尽情地吸吮，有时竟然滴出大滴大滴的晶莹泪珠。这琴声仿佛有一种特殊的魔力，可以感化桀骜不驯的母驼的心灵，在广袤的草原上，以马头琴规劝母驼认子已经成为一种古俗。

　　雪白的羊羔、金色的马驹、火红的牛犊、棕色的驼羔，像五彩斑斓的珍珠撒满了草原——那是生命的涌动，那是生命的欢腾，那是辛勤牧人的劳动结晶。牧人喜爱这些活蹦乱跳的小生命，在各类祝赞词中都要提到繁殖畜群的问题。当羊羔、马驹、牛犊、驼羔出生之后，他们都邀请祝词家来祝愿，并把奶油、奶子、酸马奶等奶制品涂抹在牲畜的头盖上，祝颂仔畜快快长大：

> 缰绳上拴着的，
>
> 枣骝黄骠与日俱增；
>
> 笼头上拴着的，
>
> 海骝花马与月俱增。
>
> 愿没奶的牲畜有了奶，
>
> 愿空怀的牲畜怀了胎……

（三）疾病的防治

在长期的放牧生活中，牧民们积累了用土法治疗牲畜疾病的丰富经验。其主要包括：

放血

大牲畜常患热病。牧民在其颈静脉或前脑放血，待黑血迸出，淌出鲜红的血时再止住。马在冬季疾驰时忽停住，腿部充血而患瘸腿病，治法是在充血时用针刺小口放血。在冬季骑肥马时马易患鼻疽，得此病马流鼻涕，毛色无光，日渐瘦弱。疗法是在其头部、太阳穴和鼻两旁的血管处放血。凡经干饲料喂肥的马易得风病，其症状是走路的姿势不正常，春季在马后腿内侧血管放血可预防。

牛疫为传染病。症状是咳嗽，耳直、弯腰、唾液，土法治疗为放血。牛、羊、驼易得蹄肿病。症状为高烧、蹄肿，重者有死亡的危险，并且极易传染。治疗方法是在肿蹄上放血，使瘀血流出，不久可痊愈。

偏方土方

羊易患羊癫，牧人把长癫的羊群赶进盐池浸洗。羊在夏季由于出牧太早，蹄瓣肿胀生蛆，是谓瘸病。其治疗方法是将蛆拨出，再涂上烟油。夏季瘦弱的羊，被一种名叫羊爬子的虫子咬后发炎，甚至生蛆。可用酸奶子的泡沫涂擦患部，也有用烟油或煮烟梗水涂擦的。羊还易患口蹄疫。发高烧，流口水，传染极快。土方是烧鼬择肉于火中，以烟火熏畜群。

骆驼患一种传染性的咳嗽病，牧民煮青稞或煮一种叫"沙尔木道"的草汤，或灌以大黄汤，这样方可治疗。灌生烟汤或从鼻孔里放进形似蚯蚓的虫子。骆驼在夏日里尤其爱患癣疥，并传染得较快。治法是把马油灌进口中，这可以驱虫排毒。

马患尿塞症，其排尿困难，治疗方法是把油烟塞到尿道里。秋季牛易得生虱病。治法是用盖蒙古包顶的毡子盖上，因为蒙古包顶的毡子经过烟熏火燎而发出刺鼻的酸味而能灭虱。

热烙

马食毒草后，胸口前端有肿块，走路跛状。治法是用烧热的铁器烙肿的部位，并在肿块的中心部位刺一小口，使黄水流出。马的腿部蛇状地肿起称蛇疮，先用刀切开其部位，用烧红的铁烙之。

针灸

羊因喝水吃草不适而得沙肝病，一般用针灸的方法治疗。如牲畜的食欲不振，可用大马蹄针或锥子把病畜的舌头刺破并涂上食盐。

食补

驼常患一种名哈坦的病，病驼日渐消瘦，倒毙在地。牧民使之饮羊的鲜血，饮乳牛的鲜奶，喝黄油、喝鸡蛋清等可愈。羊于夏季易得绦虫病。有效的方法是使羊多吃野葱，这样虫子可以成团排出。夏季多吃碱，也能起预防作用。

运动

牛易得脾病。发病时牛起卧不宁、胀肛并用前肢趴地，治疗的办法是赶着牛围着蒙古包急跑，使其肛门排出气体。牛拉车时用力不当还会引起肠错综症。此时牛不食而好卧。治疗方法是将牛从陡坡上急赶下跑，这样可使结成扣的肠子恢复原位。马得鼻疽，也往往采取于风天在碱地骑马快跑的方法，使马多吸碱土，流出鼻血与虫子。

灌血

牛得胃病往往瘦弱而死，牧人把黄羊血灌入其胃内，便可痊愈。

隔离

脾病是牛、马、羊都易得的烈性传染病，一般采用隔离的办法。羊痘也为烈性传染病，过去没有办法治疗。牧民见羊的头部和尾部长出斑疹，就及时将病畜隔离。过去，人们认为传染病是神灵所降的灾祸。他们在畜栏门口立两根木杆，再用细绳连上，绳上系小白布条，人们认为白布条代表神鸟，口含供物飞上天去，奉给神灵，就可以使牲畜免灾避难。这是原始信仰的遗留，客观上起到隔离作用。

点火除秽

过去在草原上闹瘟疫，在牲畜圈栏点燃新火，让牲畜从上边通过，同时把点燃的粮食往牲畜身上投掷。在牧人的原始观念里，火能够净化除秽，驱邪求吉。①

---

① 本节参看：蔡志纯等著《蒙古族文化》，第九章第一节，中国社会科学出版社 1993 年版。

五 牧马漫趣

在广袤的草原上，马不仅是牧人的生存之依，而且马启迪了牧人的智慧。只有在马背上，牧人才能任意驰骋想象；只有在马背上，才能融化牧人诗意的心灵。牧人的剽悍和潇洒，是从马背上得到的，牧人的美感与欢愉也是从马背上得到的。

（一）风驰电掣的套马

套马是体现草原牧民勇敢智慧的传统的民间生产活动。在水草丰盛的牧区，从事畜牧的人们在换乘马、打马鬃、剪马尾、打马印、骟公马或骑练驯服生个子马时，都要套马。套马时使用套马杆。据《蒙古秘史》记载，早在 13 世纪初，成吉思汗建立的蒙古汗国就有狩猎和放马，套马时用的"兀兀儿嘎"，这是当时的牧具。

牧人说："爱我的骏马尽管去挑，不会套马趁早别沾边儿。"几百匹马组成的马群，骏马飞奔如海浪般的奔腾咆哮，具有一泻千里、势不可挡的宏大阵势。牧人必须身轻如燕。旋转自如，手持六米长的套马杆，在飞驰的马群中，套住自己所选用的骏马。套马是需要娴熟的技术的。套马时最合适的部位是套住马两耳中间的部位，撑杆吊起马头，拧索勒紧咽喉，此谓一吊三拧。掌握了这一吊三拧的技术，再烈的马也肯俯首就擒。

套马的场面是热烈紧张、扣人心弦的。在坦荡的草原上，天空是一片没遮拦的空间，无际无涯。你说不清楚，这竞相追逐的云朵像脱缰的奔马，还是那毫无羁绊的骏马像朵朵白云。在蓝天碧野下，群马在尽情地享受这天设地造的辽阔，开始了它们不可遏止的驰骋。牧马人骑在杆子马上，拖着套马杆向前飞跑，其速度、其阵式都给马群以威压之感。烈马一看见套马手举起套马杆，就愤怒不堪，粗戾地嘶吼着，抛蹄尥蹶，表示决不肯伏就。套马手毫不示弱，他估计好距离，猛一夹腿，身体往前一探，猛地甩出了套马扣。这是阳刚奋发的搏斗，也是技巧与智慧的昭示。以奔腾为事业的烈马泼鬃奋蹄，倒竖咆哮，死命要挣脱套索。套索深深地勒住它的脖子，痛苦折磨得它勃然大怒。它在马群中横冲直撞，转着圈子一次又一次暴戾地狂跳，将土地蹄踏得尘土飞扬，惊得马群四下乱窜。它在暴怒的冲动下向前飞奔。如果套索没有套在马的要害部位，马要拖着人跑，人受马的挟持。这时套马手稍一疏忽，就会从马背上摔下来，弄得人仰马翻，前功尽弃。在这千钧一发的时刻，牧人身子要向后仰，稳稳地坐在鞍桥的后面，紧紧地踏住马蹬，两手紧紧攥住杆子的后座。忠实的跟杆马屁股向后一蹲，人与马联合运力，迫使生个子烈马一下掉了头，俯首就擒。

所谓套马实际上要完成四个程序：即套、摔、扑、绊，把马套住以后，还要摔马。套马是把马套住，摔马是把马摔倒。马被套住以后，暴怒的尥起蹶子。绳索磨着它的脖子，飞扬的尘土刺激了它躁烈的畜性，它暴怒狂跳不已。有时甚至前蹄上举，似如人立，咴咴的嘶叫中充满着不安的预感。摔马手审时度势，趁马喘息未定的刹那间，猛地扑过去，猝不及防，势不可挡。摔马手猛地抖动缰绳，不知哪儿来的神力，双臂骤然一紧，一声暴喝，硬生生地把小马扳倒在地，就在畜生摔倒的一刹那，他就势跪在马肋上，膝盖死死地顶住挣扎扭动的马，一手揪住马的耳朵，一手扳住马嘴，把马的脑袋扭向后边，那骏马便应声倒地，老老实实听牧人摆布了。套马是牧人男子掌握的传统技艺，充分表现了牧人男子的勇悍。

图16　蒙古族舞蹈中的套马动作：

第一种前套

图17　蒙古族舞蹈中的套马动作

第二种前套

清赵翼《檐曝杂记·蒙古诈马戏》生动地记叙了套马的情形：

诈马乃其长技也，其法驱生驹之未羁靮者千马群，令善骑者持长竿，竿头有绳作圈络，突出驹队中，驹方惊，而持竿者已绳系驹首，舍己马跨驹背以络络之。驹弗肯受，辄跳跃作人立，而骁骑者夹以两足终不下，须臾已络首，而驹即伏贴矣……

《清稗类钞·宴塞蒙古》刊载了清乾隆皇帝在秋八月巡幸木兰蒙古表演马术的情景

一曰诈马，选六七岁以上幼孩，文衣锦袍，衔尾腾骧，散鬟结发，不施鞍辔，而追风逐电，驰骋自如，别树大纛数里外，先至者受大赏……一曰挑骕，驯名马也。凡达骒之产，初入牧群，不受羁控者，蕃王子弟，辄执长竿，携彩索，或跃而登，或超而过，馨控酣呼，疾如风雨，必使调良马驯习而后已。逸群奔踶，驭之者愈众，剽悍神勇，颇为壮观。草原牧人的套马堪为一绝。

春季是套马、打鬃的季节。勇悍的牧人不仅要套住一匹马，而是要把百匹、千匹马都套住。在绿色的草浪中飞驰着海涛般的马群，在马群中纵横捭阖的是套拽兼备、智勇双全的牧人，这里没有丝毫的恐惧和退却，有的是与草原、与蓝天白云相应的狂逸与放达。

（二）杆子马的驯养

优秀的套马手是牧人的骄傲，其实套马的功勋不仅归于牧人，也归于牧人驯养出的杆子马。杆子马为牧人套马时专用的乘骑，它是马群中的佼佼者，也是牧人的骄傲和亲密的伴侣。与一般的骏马相比较，杆子马具有别的马不具备的优点。它奔跑的速度极快，耐力极强，并且极能吃苦耐劳，即使路途艰险、跋山涉水也在所不辞。杆子马反应敏捷，善解人意，它理解主人要套住奔腾的马群中的那匹骏马。当主人手持套马杆在马群中寻觅时，杆子马也似乎若无其事，但是当牧人的套马杆甩出去之后，杆子马就表现出异乎寻常的奋勇。说追，其速度如风驰电掣势不可收；说停，其动作戛然而止稳如泰山。当牧人套住烈马的刹那，它屁股后坐，全身用劲挫坡拽马，使烈马不能挣脱绳索的羁绊。

草原上有这样的谚语：蒙古人没有马，就像牧人没有手脚；没有马，没有鞍鞯的人不是人。在牧人看来，骏马已经和人化为了一个整体，化为了人生命的一部分。在草原流传着《成吉思汗和他的两匹骏马》的故事。相传成吉思汗有两匹俊逸超群的骏马，小骏马因为没有得到荣耀而执拗地与大骏马一起出走，成吉思汗郁郁寡欢，朝思暮念：

> 当那隆重的赛马大会来临，
>
> 我将用什么快马获胜；
>
> 当举行盛大的围猎，
>
> 我将骑什么骏马获取野牲；
>
> 当那狂妄的敌人猖獗进攻，
>
> 我将骑什么战马前去出征。

而这两匹骏马在异国他乡也苦苦思念着家乡的热土，心念着圣主成吉思汗：

> 每当想起爱抚我们的可汗，
>
> 每当想起抚育我们的母亲，
>
> 还有那故乡伴侣亲密的友情，
>
> 我怎能吃那污秽不洁的牧草，
>
> 怎能安心在那不洁的沙石上踏行。

图 18　蒙古族乘马佩饰纹样

　　成吉思汗思念着骏马，骏马也思念着成吉思汗。最后两匹骏马回到了家乡，回到了成吉思汗身边。在长期从事牧业的蒙古人看来，只有马最具有灵性，它能听懂主人的话语，它能理解主人的喜怒哀乐，它成为主人事业的一部分。

　　一个牧人需要几匹杆子马。杆子马要通过牧人的慧眼来选择。在几百匹骏马中，牧人首先要在静中相马，要选择体大身高，眼大有神，耳小直立，鼻孔大，槽口宽，背平直，尾巴高举，四肢周正而粗壮的马。然后动中相马，牧人骑在马上体查马的速度、步履姿势和耐力。良马并非生而就之，要通过严格持久的训练。《史集》载成吉思汗的话说："马瘦时能疾驰，肥瘦适中也能疾驰，才可以称为良马。只能在这三种状态之一的情况下能疾驰的马，不能称为良马。"①

　　草原牧人要把一匹独往独来的生个子马训练成自己的杆子马，要花费不少心血，绝非一朝一夕之事。驯马时，要马通人性，首先要以人性感化马。接近生马时切忌不要使用鞭子，不要拳打脚踢，而是要亲切地抚摸它，轻轻地拍打它，让它感到温柔、亲切，愿意与人接近。如果用缰绳和笼头打马，就会使马变得倔强暴戾，长时间不能驯服。马的前肢后侧是其尾巴甩不到的部位，但是这个部位常常奇痒难忍，牧人用刷子或刮马汗板给马梳理，会给马以安慰。牧人还经常用刷子和水给马冲洗，擦洗得马十分的舒适和惬意。这样使马消除了野性，也消除了畏惧。牧人爱马，他们忌讳向马扔土块石头。就连马圈也有讲究，任何人不许在马圈内解手，不许往马圈内倾倒不洁之物，不许牧羊狗进入马圈。

---

　　① 拉施特·哀丁《史集》第 1 卷第 2 分册第 356 页，商务印书馆 1989 年版。

图 19　刮马汗板

　　杆子马的喂养也与其他的马不同。为了增强杆子马的体质，常常给杆子马喂以精料，其中最好的料是颗粒饱满、鲜脆可口的大豆，还要喝清冽甘甜的水。春天给马上眼药，给马预防各种疾病。在整个驯马的过程中，食物的诱导成为一种条件反射。

　　杆子马的特点是能够尾追，又能急停，还能左拦右贴，密切配合骑手套马。杆子马的调驯一般在春秋间进行。先驯飞跑，再驯颠跑，最后驯走。快马以跑而定。何谓走？好马有"跑""走"两类，以走为上乘。跑的特点是四蹄离地，而走的特点是四蹄不能同时离地。走马分侧步小走、碎步走、快颠步、碎步小跑、飞驰等六种动作。走时不仅平稳而且快，蒙古族称赞好的走马是"走马如流水"。这是最理想的杆子马。一个牧人一般有几匹杆子马，轮换乘骑。

在长期的牧业生活中，特别是古代的战争中，蒙古人积累了丰富的养马经验。《黑鞑事略》徐霆注云：

尝考鞑人养马之法，自春初罢兵，后凡出战好马，并恣其水草，不令骑动，直至西风将至，则取而控之，挚於帐房左右，啖以些少水草。经月后膘落而实，骑之数百里，自然无汗，故可以耐远而出战。寻常正行路时并不许其食水草，不成膘而生病，此养马之良法。

在明代肖大亨的《夷俗记》里，这种控马的习俗叙述得更为详细：

凡马至秋高则甚肥，此而急驰骤之不三舍而马毕死矣。以其膘未实也。于是则其优良者加以控马之方，每日步行二、三十里，俟其微汗，则絷其前足，不令其跳蹈踯躅也，促其御辔，不令其饮水啮草也。每日午后，控之至晚，或挽控之，至黎明散之牧场中。至次日又复如是，控之至三、五日或八、九日，则马之脂膏皆凝于脊，其腹小而坚，其臀大而实，向之青草虚膘，至此皆坚实凝聚，即尽力奔走而气不喘，即经阵七、八日不足水草而力不竭……

所谓控马，即控制其饮食、饮水，适当让其步行，去掉虚膘。马乘骑后，先拴在柱子上，等到气息完全安静下来，四蹄冷却后，才开始放牧，否则对身体有害。放牧时，让其饱食草，饱饮水，但不能乘骑。待邻近使用时，把马拴在桩子上，少喂草，少给水，这样在乘骑时非常得力。蒙古人忌讳在行进时喂草、饮水。

训练杆子马要经过一个过程。开始时，生个子马不让人接近，不许人乘骑。当给它放上马鞍以后，它腾挪跳荡，挥蹄尥蹶，想把马鞍一下子掀掉。驯马人执着地骑在马背上，尽管它冲撞挣扎，腚抬得很高，虎背熊腰的蒙古汉子依旧不肯下来。他要向骏马昭示：骏马的英雄本色只有靠骑手的乘骑，英雄的骑手才是马的主人。骑手初次训练它一二个小时，就取下马鞍又任其自由了。这样经过第二次，第三次，骏马愈来愈与主人的感情贴近，性格越来越温顺，步法也越来越理想。

（三）母马恋驹与公马逐驹

　　骏马天生是草原的儿子，因为它是在平整的草滩上诞生的。当它睁开眼睛，迷惘和惊喜地望着这陌生的世界的时候，草原的露水使它感到快慰，草原的空气使它感到清新。与其说它被草原迷住了，毋庸说它被孕育它的生命的母亲迷住了。母亲从湿热的血腥和惊心动魄的挣扎中苏醒过来，它精疲力竭而又如释重负的嘶叫一声。母马怀着无限欣喜望着刚刚诞生的小生命。小马长的大鼻翅，阔嘴巴，大眼睛，简直和自己长得一模一样。小马的全身还是潮乎乎、湿淋淋的。母马不住地用嘴舔着这个幼小孱弱的生命，耐心地把它身上的尘土污垢舔得一干二净。接着母马口衔幼驹，反复锻炼它原地站立，小马驹不习惯站立，往往站起来，又摔倒了，母马不厌其烦地锻炼它。三天之后它的小腿支撑着脆弱的身子，把视线投向了茫茫的草原，然后又转回头，向母亲投出了感激的目光。

　　母马对小马表现出亲情，而小马也对母马表现出一种切肤的依恋。小马驹在母亲的腿间磕磕绊绊钻来拱去，拼命嗅出母亲身上的气味。那是一种混合着汗味、草味和乳香的气味。母马奔跑它奔跑；母马停歇它停歇；母马打滚它打滚；母马嘶叫它嘶叫。它时时跟随着母马，处处模仿着母马，亦步亦趋。母马看到，半年前那个湿漉漉的小东西高高地昂起了头颅。

当母马又怀胎时，它就拒绝给马驹喂奶了。马驹围着母马团团打转，想尽办法希望得到母亲的怜悯。一方面母马远离它甚至驱逐它，把它赶向那辽阔的牧野，另一方面母马继续承担着做母亲的义务。放牧时，它带领马驹寻找鲜草、嫩草，让小马驹的肚子吃得滚圆滚圆的。饮水时，它唯恐其他的马争抢，护卫着小马驹喝个足。寒风乍起时，它把小马驹护卫在自己的身下，给小马驹以温暖；天气炎热时，它把小马驹带到阴凉的地方，用尾巴给小马驹驱赶蚊虫。在天与地都无止境地伸展的辽阔中，小马驹的胆子愈来愈大。它尽情地、自由自在地在天与地中间撒野了。母马经常发出呼唤的叫声，提醒马驹注意意想不到的灾祸。牧人说马为"义畜"，的确，母马似乎颇通人性。

马通人性表现在另一方面。在牧业习俗中，凡过四岁的马都可以称为成马。从三岁起，儿马或母马都开始发情，都能交配。马为义畜，绝不与自己的后代交配，因此马驹长到三岁，就要被公马驱除出境。公马在马驹长成成马以后，横身马驹与母马中间，疾声厉色不许它贴近母亲。小马不明白是怎么回事，依旧依偎在母亲身边。公马铁一般的蹄扣，毫不留情地蹄踹着小马，小马恍惚片刻，明白了公马横夺的是与它耳鬓厮磨、朝夕与共的母亲。小马的双耳笔直地竖立起来，孱弱化为了愤怒，化为了反抗。它一次一次被蹄倒，又一次一次爬起来。在马群中颐指气使的雄性种马对小马的反抗更为愤怒，这是雄性对雄性的战斗，阳刚对阳刚的较量。它们时而厮打成一团，时而分开。双方都无所畏惧，但是初出茅庐的小马毕竟敌不过雄赳赳气昂昂的公马，公马的铁蹄常常把小马砸得前仰后翻。

为了防止公马伤驹，牧人采取的办法是与其他马群进行调换。在调换马匹的时候，两方要互相比较幼驹的年龄、毛色、体态等。两方感觉条件差不多，互相不吃亏时，才换驹调群，这是解决公马逐驹的唯一方法。换群的时候，小马依旧在母亲的身旁徘徊，但是它已经尝过了父亲的暴戾，它似乎意识到：它也具有不亚于父亲的阳刚之气，它可以成为另一个群体中的权威。

六　牧业技艺

　　牧业的技艺是牧业习俗的重要组成部分。有人认为农耕文化需要技艺，而传统的牧业只是逐水草、便畜牧，没有什么技术。其实不确。

　　13 世纪初期，蒙古汗国的牧业经济有了很大的发展，牧业的技艺也相应提高。蒙古牧人早就根据各种牧畜的种类放牧管理牧群，这一记载见于《蒙古秘史》。在这一时期，出现不少牧马能手和牧羊能手。据记载，别勒古台、脱忽剌温的牧马技术很卓越。迭该养羊的技术也很高超，他曾以"把羊繁殖得满野"向成吉思汗自荐。当时已普遍采用了去势术，有专牧骟马的，有专牧母马的。兽医的技术已为相当多的人掌握。《元史》谓蒙古汗国为游牧之国。其积累的牧业知识和牧业经验延续至今。

（一）牧人的慧眼

牧人，在套马中表现出勇悍，在牧歌中表现出缠绵。在这刚与柔的交替中，你会感到一种悠然的自信和一种不可摧毁的力量。与其说草原可以融汇人们心灵的话，毋宁说牧人紫红色脸膛上的眯缝的眼睛可以融汇人们的心灵——草原牧人有一双慧眼。

牧人的眼睛是锐利的。他们有极强的辨别牧畜的能力。牧人往往根据牲畜的颜色给牲畜起名字。在蒙古民歌中，近百分之二十都是赞马的，如《青海骝》《铁青马》《黄骏马的汗珠》《羁绊的枣红马》《飞快的紫骝马》《栗色骏马的装饰》《雪白骏马》《凹背马》《彩虹马》《黄骠马》《赤兔马》《快腿骏马》《斑斓色的骏马》《秀青马》《云青马》《金色杭盖的骏马》《天马》《呼和苏里的骏马》《骏马的四蹄是珍宝》《小青马》等等。在红色的基调下，又有紫骝、枣红、彩虹、枣骝等区别；在黄色的基调下，又有米黄、金黄等区别。牧人辨别颜色的能力极强，在成百上千的马群中，他们能立即辨认出自己的马匹。

在按照颜色称呼马匹的同时，对其雌雄也有不同的叫法。红色的母马叫"乌拉嘎勒莫日"，白色的母马叫"察嘎各勒莫日"，黄色的母马叫"西日嘎勒莫日"。粉嘴黑毛的公马叫"哈拉特日"，米黄色的公马叫"希日嘎拉"，金黄色的叫"好拉"。

牧人还能根据马的牙齿辨别其年龄。《元亨疗马集·口齿论》说：

一岁驹齿二，二岁驹齿四，三岁驹齿六；四岁成齿二，五岁成齿四……

牧人对不同口（年龄）的马都有不同的叫法。一岁马叫"乌那嘎"；二岁马叫"达嘎"；三岁马叫"西都楞"；四岁马叫"黑札郎"；五岁马叫"少要郎"。畜牧专家认为：初生一个月，生出乳门齿；5～9个月，生出乳中齿；一岁生出乳隅齿……二岁半乳门齿脱落。永久齿发生；三岁半乳中齿脱落，永久中齿发生。我们不应该也不可能以现代精密鉴定的方法去要求牧人，只能说明牧人的相马经存在着一定的科学性。因为这是积几百年实践的结晶。

除看口齿外，牧人也观察皮肤和毛色。七岁毛色为青，八岁毛色为白；老马毛色干涩无光泽，幼马毛色滋润而发光；

老马的四肢短而粗，幼马的四肢长而细；老马的眼盂凹陷，幼马的眼盂饱满；老马腰弯骨起，小马背直腰挺。

牧人重视良马的选择。《史集》载撤里黑汗说："我所有的骟马中，没有一匹合我的意，或者奔驰时瘸腿，或者桀骜不驯，或者过于驯服。骑起来很好，长得结实的那一匹，却又不肥壮。"① 驯服，结实肥壮，骑起来舒服的马才为良马。同书载成吉思汗的话说："马肥时能疾驰，肥瘦适中或瘦时也能疾驰，才可称为良马，只能在这三种状态之一下能疾驰的马，不能称为良马。"② 牧人相马一方面要静观，一方面要动观。所谓静观，就是有经验的老牧人观察马的口齿、五官、身材、四肢、背部、鬃毛、尾巴、蹄质，就能看其是否为良马；而动观就是要观察其跑起来的样子。

草原牧人有高山选骏的习俗。所谓高山选骏就是让小马离开它们的母亲。刚生下不久的幼驹一般不拴喂，它们可以在洒满绿色的大地上自由采食。在歌呼相应的草原，小马驹

---

① 拉施特·哀丁《史集》第 1 卷第 1 分册，184 页，第二卷第 2 分册 356 页。商务印书馆 1985 年版。
② 拉施特·哀丁《史集》第 1 卷第 1 分册，184 页，第二卷第 2 分册 356 页。商务印书馆 1985 年版。

感到快意无比。但是小马驹却亦步亦趋地跟着母马，一点儿也不肯远离；而母马也要"咴咴"地叫着，呼唤和佑护着自己的爱子。牧人却有意打破这母子深情。他们把母马群赶在险峻的山峰上，让幼驹离开母马，小马驹开始并未觉察，当它发现母亲不见了，一反起初低着大脑袋吃草的悠闲姿态，双耳直竖，向四周瞭望。失去了幼驹的母马急不可耐地发出长长的鸣叫，小马最熟悉的是与其耳鬓厮磨的母亲的声音。它激动、亢奋不已，大脑袋抬得高高的，"特拉、特拉"地喷着响鼻儿，耳朵一抖一抖地向前翘动——它在表示惊喜的感情和不可遏止的渴望驰骋的冲动。它辨别好方向，如离弦之箭般向起伏有致、尽伸尽展的山峦奔去。这时，牧人早就静候在离母马不远的地方。他要细细观察每匹幼驹的速度、步履、姿势以及耐力。那步履轻盈、姿势优美、速度如闪电、奔腾而不喘息的马必为良马。

牧人的慧眼是锐利的。他们放牧的牧畜不是一匹数匹，而是成百上千甚至成千上万。牲畜是牧人的财富，其数量的统计不可缺少。1189 年和 1201 年成吉思汗和札木合在答阑巴勒渚和阔亦田进行了两次大战。每次双方都各出三万之众，仅以每人一匹乘马一匹从马计算，总共动用的马匹也在 12 万匹以上。计算牲畜的数量是个难题。

由于牲畜极多，以至于牧人不用匹、只、头、峰等数量计算，而习惯用洼地、盆地或"套海"（意即湾子）来计算。《蒙古风俗鉴》云："要知有多少牲畜，用自己的印记集中牲畜，赶过洼地量地而知。有的富户有几个沟或洼地的牲畜。这种测量有多少牲畜的办法叫'套海'。因此蒙古地方有些以套海命名，如'额仁花套海''呼和敖帮套海''宝玉花套海'等等，都是测量牲畜的地方。"牲畜占满了套海，牧人就能用眼睛估计出牲畜的数量，其目光的估算与实际数量相差无几。

牧人的慧眼还擅长寻找丢失的牲畜。传统的牧业放牧大牲畜时往往不跟人。牧畜丢失了。牧人寻找牲畜，叫"找踪踪"，就是根据牲畜的蹄印去寻找。牧畜丢失一般要顺风找，观其吃草的方向，马一般朝哪个方向放就朝哪个方向走。牛就不同了，需围着圈子找。阿拉善地区的牧民寻找骆驼叫"找踪踪"。骆驼喜逆风走，一者为了风吹凉爽，二者为躲飞虫。如果风向变化很快，则知其走出不远；如果风向如一，则知其走远了。有经验的牧人看印在沙漠地上骆驼脚掌的纹样。骆驼脚掌的形状略有差别，其印在沙漠上的印记也有深浅宽窄的区别。牧人辨别别人不易觉察的细微差别，按其踪迹找寻，能够准确无误地找到丢失的骆驼。

牧人的慧眼还能识别天气。草原的气候多变，忽而晴空万里，忽而白毛风雪。长期在野外放牧的牧人，特别注意气候的变化。"月晕而风，础润而雨"。草原的天气像孩子的脸说变就变，在夏季有时亦有暴风雪。老牧人年年观察天气，看风云变幻预知暴风雪的来临，以便把牲畜赶向安全地带。

（二）打印记·打马鬃

在广袤的草原，你会看到流动的马群、稳健的驼群、活跳的羊群身上都打着印记。这些烙印在牲口身上的纹花丰富多彩，各不雷同。给牲畜打印记是古代传下来的牧业习俗。元代忽必烈时期，给牲畜打印记曾受到法律的保护。

发达的牧业，马、牛、羊、驼皆成群。成群的牧畜是活物，既不易识别，又容易走失。虽然整日与牲畜耳鬓厮磨的牧人识别牲畜的能力非常强，但是由于草原民族从事的是大规律的牧业生产，所以给牲畜打印记则成为其牧业的传统技艺之一。近代方志《内蒙古纪要》云：

马以一村或一族为一团，而放牧之马群之行动，绝不相隔离，故监视自始至终，止于一定地点，而不移动。但各旗之马臀部，或前足之右侧，必一方施以烙印，为其识别之标志。印为二寸方形……各式之不同，又有以剪耳与烙印并用者。

图 20　打马印之工具

给牧畜打印记有个前提，即自家的牲畜必须够了一群，即最少必须有一头种畜及与其比例相称的牝畜。一头种畜与牝畜最低比例为：驼为1∶7—8；马为1∶4—5；牛为1∶3—4，羊为1∶30—40。

羊与牛的记号只要在其耳朵上剪一自家确立的记号，不与邻居重复。耳朵可以剪出 20 种相互区别的记号，如剪去耳朵，剪成三角形耳边，剪成裂口等等。

马的印纹有各种各样的形状，有鱼形的、海螺形的、玉形的等等。《唐会要·诸蕃马印》中所记载的北方游牧民族所使用的马印模式有 35 种之多。简单的有□形、○形、U 形，繁复的像汉字，又似古代的甲骨文。驼身上也打印记，各家的形式不一，纹样不一，打的部位也不尽相同。在骆驼脱毛的时候，则以锅灰调水为墨，画符号于两峰之间。即使没有印记，牧人对牲畜的识别能力也很强，一望便知。

图 21　《唐会要》中的北方民族马印

一家的驼、马群打同一样的烙印。骆驼打印的位置有八处：左、右后胯，左、右颊上，左、右眼下部，鼻左、右之旁。马有四处：左、右后胯上，左、右之腿上。若给外来买的驼、马另打印时，则打在原印的上部。

给马打印记较为繁复。牧人使用的金属印模像印章一样，呈方形，上面刻有各种图案。图案有的自己设计，有的则请知识渊博的喇嘛设计，还有的请邻居年高有德的人设计。设计的原则除不与邻人重复之外，还要图案吉利，利于牲畜的繁殖。

牧民认为给牲畜打印记是一件隆重、吉祥的事，一般要在春天选一良辰吉日进行，并邀请亲朋参加。打马印时一般在春季。草原上用牛粪或硬柴点起了熊熊的篝火，支起了锅灶，宰杀了整羊，然后由一位有威望的牧人宣布打马印开始。他先用无名指泼洒奶酒，表示祭天祭地。此时还请歌手唱起祝赞词，表示隆重吉祥。

青青草韵，焕发出诱人的诗意，而姑娘脸上的笑靥，正像盛开的娜仁花。这正是打马印的好时节，也是年轻力壮的套马手大显身手的时候。他们身着各家妇女亲手缝制的带有吉祥图案的蒙古袍，手持长长的套马杆，如龙腾虎跃般地跃上了马背。有的套马手故意不在马停时骑马，而是乘马飞跑起来时一脚蹬在脚蹬上，一手撑着套马杆飞上马背。此谓"撑杆上马"。不受羁绊的马在腾跃跳掷。套马手在杆子马的协助下奔跑、追逐，那是一个火红、热烈的场面。马群如飞燕，烟尘滚滚，使人感到马仿佛四蹄悬空。套马手如飞箭，执着顽强地施展自己的技艺。有的套马手博得了阵阵呼欢声；有的套马手得到了善意的笑声。这时身体康健的老牧人禁不住这场面的诱惑，喝一碗壮行酒后飞身上马。年轻的十几岁的娃娃也跃跃欲试，加入了骏马腾飞的行列。马在腾跃，人在欢呼。当一匹匹烈马被套住、摔倒后，然后再把烧红的金属印模烙在马的某一部位，烙出印记。这时贤惠的妇女向男人们投来了欣慰的微笑。而男子则依旧在草场上飞驰，似乎还想再过把瘾，昭示自己的勇悍与智慧。

我国古代的游牧民族突厥族也有打马印记的习俗。在突厥人中，各个氏族的马都打着特殊的印记。阿史德氏的马印是"歹"，阿史那贺鲁氏的马印是"旪"，沙陀突厥人的马印是"B"。

牧人在春季除给马烙印外，还有一项重要的事即打马鬃和剪马尾。马鬃与马尾是骏马身上的重要组成部分。马鬃还与蒙古族起源的传说有关。据说有一对姐妹，姐姐生下一个婴儿，手里攥着一个土块，长大以后，就种植五谷了，取名叫"海特斯"，意即为汉族。妹妹生下的婴儿，手里攥着一把马鬃，他长大以后，就放牧牲畜了，取名收"蒙高乐"，意即为蒙古族。① 扑朔迷离的传说，既表现了农业文化与牧业文化的分野，又表现了二者之间的联系。

在传统的《骏马赞》中这样歌颂马鬃和马尾：

> 它那飘飘欲舞的轻美长鬃，
>
> 好像闪闪发光的金伞随风旋转；
>
> 它那炯炯发光的两只眼睛，
>
> 好像一对金鱼在水中游玩……
>
> 它那潇洒而秀气的尾巴，
>
> 好像色调醒目的彩绸；
>
> 它那坚硬的四只圆蹄，
>
> 好像风掣电闪的风火轮……

牧人喜爱骏马，常在节日时给马鬃马尾系上彩绸。

马鬃与马尾一年可长几尺长，所以需要不断剪修。马尾的功用虽然在夏天可以驱赶蚊蝇，但亦不能过长，打马鬃可以给马防暑，况且剪下的马鬃和马尾还有极为重要的实用价值。在静谧的草原之夜，你会听到从蒙古包里飘出来的如怨如慕、如泣如诉的马头琴声。那琴声从牧人的心底飘出来，

---

① 苏赫巴鲁：《成吉思汗的传说》上卷第 2 页，吉林人民出版社 1984 年版。

回荡在整个草原，又伴随着草原的天籁、地籁，回收在牧人的心底。马头琴是牧人特有的琴，是以马头为标志的二弦乐器。马头琴的弦就是用坚韧挺拔、弹性好而耐潮湿的马鬃或马尾制成的。此外，马鬃和马尾还可以制成刷子、箩底、衬料等。

因为马鬃、马尾有重要的实用价值，牧人视马鬃为珍贵的东西，所以他们用马鬃来祭神。这可以追溯到遥远的信仰萨满教的时代。长年居于野外作业的牧人在史前社会塑造了雷神。他们点燃干草和松树皮，让马从烟火中穿过，再在马鬃上系上彩色飘带。这是献给雷神的标记，蒙语称："赛岵尔"。① 自古以来，蒙古族有祭敖包的习俗。敖包是蒙古族的保护神。在祭祀敖包时，牧人往往堆上石头，插上柳枝，在柳枝上绑上五颜六色的布条。有的还将马鬃结在布条上。马鬃在牧人的心目中，被视为神物。

打马鬃与打马印记是同时进行的。套马手把马套住、将马摔倒以后，一二个人按住马，一人开始剪马鬃。剪马鬃一般从马的背部剪起，先留下一绺，然后从背部向头部推移。

① 乌丙安：《神秘的萨满世界》第 35 页，上海三联书店出版。

马的额头前和侧面留下几绺，显示马的潇洒。

剪马尾一般在秋末冬初。剪尾有两种方法：一种是环形分层剪取，另外一种是抽绺掏剪。这样剪可以保持马尾潇洒飘逸的外观。

有的地区还要同时驯马——给二岁马置放马鞍。马驹习惯于信马由缰，在草原上自由、任意和放达，所以不甘愿压上马鞍并由牧人乘骑。当牧人置上马鞍后，要飞快地跃上马鞍。马驹狂戾地暴跳，践踏着草地，在暴怒的冲动下向前飞驰。喜爱骏马的牧人深知骏马的训练有一个过程，因此只是骑一二个小时就摘下马鞍，依旧让其保持自己的放达。但是牧人也告诉骏马：骏马是草原之子，在这无边的辽阔中，只有接受牧人的驯骑才能显示出骏马的狂逸本色——健儿需骏马，骏马需健儿。

（三）剪毛与挤奶

春夏之交的朗日下，你会看到这样的景象：在蒙古包外的平坦的土地上，牧人熟练地操起羊毛剪子。只见剪子在羊的身上滚动着，不一会儿牧人的周围就堆满了洁白的羊毛。羊毛一堆堆、一层层，宛若一座小山。牧人像坐在一块洁白的毡子上，又像是坐在一块洁白的云彩上。你问：草原一年到底产多少毛？不知道。只见各种运输工具把内蒙古羊毛运往各地的加工厂。人们说："好毛，内蒙古毛。"

有的地区在风和日朗时还要举行剪羊毛比赛。有时几个人，也有时十几人，只听一声令下，羊毛剪子飞速地在绵羊身上抖动着。参加比赛的姑娘或小伙子全神贯注地剪着，只有"咔嚓、咔嚓"的声响。剪羊毛比赛虽没有赛马那样昂扬奋发，却如赛马那样热烈、紧张。比赛结束时，不管是得奖的，还是没有得奖的，眼望着自己的收获，脸上挂着由衷的微笑。

剪羊毛的时间一般在五六月份。应根据各地的具体气候决定。如剪毛过早，气候突变，容易使羊感冒；剪毛过晚，则绵羊易受暑热，容易影响抓膘。所以剪羊毛不仅是因为羊毛、驼毛为一种大宗的收获，而且是牧羊的需要。羊毛以长为贵，一般一年剪一次，如果剪两次，毛太短，实用价值较低。

剪羊毛用的剪子一般比家用的剪子略大，前部比家用剪子略长。剪时应紧贴羊皮，留下的不宜过长，注意不要剪重毛。剪完后用毛抓子把毛放入柳条编的筐内。毛抓子用铁丝编成，呈手爪形，有把。绵羊在剪毛前一天不再喂水喂草，以防因挤压腹部而生病或排泄污物污染羊毛。

奶制品是草原的特产。如果来到内蒙古草原，首先端给你的是一碗奶茶请你品尝。这是食品的上乘，称为"德吉"。牧人喜爱洁白的马、洁白的羊、洁白的奶酪。他们还认为白色的衣服为吉祥的服装。他们住白色的毡房。他们以白色命名地名：如"查干塔拉"即白色的草原，"查干温都尔"即"白色的高地"，"查干诺尔"即白色的湖泊等等。有意思的是，他们为什么把碧绿的草原说成是白色的呢？因为草原不仅飘着花香草香，而且还飘逸着奶香酒香。白色是乳制品的颜色，是高贵、圣洁、吉祥的颜色。奶酪是世界许多民族的重要食品之一。西方的奶酪制造业起源很早。据荷马史诗《奥德赛》记载在独眼巨人的洞穴中，奶酪把搁架都压弯了。中国的奶酪制作起源于什么时候，似没有确切的记载。但是关于奶酪的起源却有着一个美丽的传说：在成吉思汗时期，大漠里有一队骆驼在慢吞吞地行进。牧人们在骆驼身上驮着满满当当装有鲜奶的大木桶。骄阳烤着木桶滚烫发热。木桶里的鲜奶随着驼步的节奏，不断晃动。到达目的地，牧人们打开木桶取奶，发现鲜奶已变成了凝乳状结构的东西。这无意中获得的食品，却具备了美味佳品的所有特点，一时轰动了草原。[1] 奶制品是牧人的专利，奶制品的制作，要比这则传说早得多。

挤奶时用一绳子，绳子系羊毛或驼毛搓成，可长可短。挤奶时，羊的头向里而尾朝外。两排羊的头相对，尾相背，中间用一条绳子套住羊头，打成活结。挤完奶，绳子的一头猛力一拉，绳子的活结均可脱落。挤牛奶时一般不拴牛，只有不驯服的乳牛，才用绳子拴住后腿。

手工挤奶有两种方法。一种方法是握拳法，就是以拇指与食指压迫乳头的根部，然后将中指、无名指及小指向手心收压，挤出奶，将手指分开，手冲着乳头，奶即流出。还有一种方法是用大拇指和食指捏紧乳头，由上而下滑动挤出牛奶。挤奶时有的先挤右半部乳房，后挤左半部乳房；有的先挤前半部乳房，后挤后半部乳房；还可以同时先挤左前乳头和右后乳头，然后挤右前乳头与左后乳头；也可以一个一个的单手挤。

挤出的奶放在乳桶里。乳桶有木制、铜制、铁制、皮制

---

① 宝斯尔：《鄂尔多斯风情录》第 58 页，中国旅游出版社出版。

数种。木制有的呈圆柱形，高半米左右，中间有一道箍，加盖。有的两边各安一木把，有的则没有木把。铜制的和铁制的乳桶呈圆柱形，桶的两端，中间部分手把处均镶有花纹，既美观又结实耐用。更讲究的为镶银乳桶，现五当昭内保存有一镶银奶桶，上部镶有两个菱形花纹，下面镶一菱形花纹，别致新颖。

图 22　镶银奶桶（五当昭藏品）

乳桶也有皮制的。山阳阮葵生辑《小方壶舆地丛钞·蒙古吉林风土记》载：

乳桶以皮为之，平底丰下而稍锐，其上将乳盛之，于取携为便。

牧人还常把马奶酒盛于大皮囊中，其大皮囊是用剥下的整个牛皮制成的。

挤奶的工作一般是由女子承担的。她们选择在远离羊舍的平坦、干净的地方，然后把手洗净再挤奶。随着她们手指有节奏的灵活地摆动，奶桶里盛满了鲜美的奶浆。母牛驯服地望着主人，投来的是感激的目光。那是一幅和谐的图画。妇女手的动作有多快？据统计，每分钟达 80～100 次呢。

为了求得多产奶。内蒙古东部的牧民至今保留着一个习俗，即用木头做一马或牛的乳房，摆在蒙古包内，称为"德格"。作者认为"德格"即草原牧人的奶神。这个习俗在 13 世纪的一位外国传教士所撰的《鲁布鲁克东行纪》里有记载。他在记叙牧人之家时写道：

主人的头上总有一尊用毡制成的像，好像玩偶或塑像……妇女一侧的入口旁，还有另一个像，及一个为挤奶妇女安置的母牛奶头，因为挤牛奶是妇女的部分职责。入口的另一处，朝着男人的方向，有另一个像，以及为挤马奶的男人安置的母马奶头。①

①《鲁布鲁克东行纪》第 211 页，中华书局 1985 年版。

在古代挤奶是有分工的：男人挤马奶，女人挤牛奶。当代法国人类学家、史前考古学家安德列·勒鲁伊-古朗在他所调查的全部洞穴岩画中的动物形象，几乎一半是马和野牛。在《姿态与语言》一书中，他发现了一个基本规律："雄性—雌性＝马—牛。"这个主旋律，在蒙古族也是适用的。

七　牧具上的"纹花"

在"穹庐为室兮毡为墙"的牧业生涯中，经过了世世代代的摸索，草原牧人创造了一系列适应牧业生产的工具。这些物化形态是牧民智慧的结晶，在牧业生产中发挥了极为重要的作用。这些工具的制造和使用是牧业民俗传承的重要内容之一。

（一）牧具

马具

马绊子：用马鬃或皮条制成，拴住马的三条腿，以防其跑远。分横绊、竖绊、三条腿绊三种。

图 23 马绊子

马笼头：马笼头分笼头花、后兜、缰绳三部分。笼头花由两段压杠皮条制成。缰绳在笼头花的下半部。后兜系在笼头花上。马笼头系在马头上，便于驾驭。

马嚼子：马嚼子与马笼头的用料及制作方法大致相同，唯将笼头花的下后部系以嚼环。嚼环上连以铁嚼，将其勒于马嘴上，便于驾驭。

马鞭子：用皮条或木头、藤条制作。长约 0.6 米，由皮套、铜箍及皮鞭三部分组成，驾驭马用。

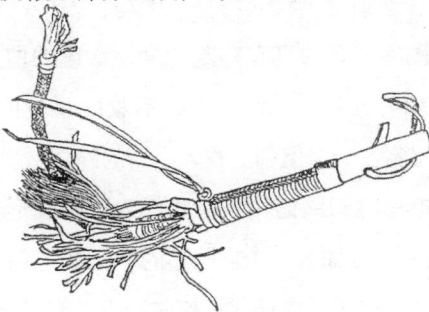

图 24 马鞭子

系马绳：在地上埋两根木桩，中间拉绳子系马。

套马杆：以细桦木制成，长约5～7米，顶端系一皮条。竿子上端的三分之一处有一皮环，以控制皮绳。《蒙古吉林风土记》云："马生驹末就羁勒放逸不可致，以长竿系绳縻致之，蒙古最熟其伎。"套马杆用以追捕马群中的马，用套马杆套住马的颈项，使马就范。有的地区不用套马杆，而用套马绳。

套马杆是极为重要的套马工具。牧民使用套马杆有许多忌讳：戒孩子玩耍；戒非牧马人使用；戒将套马杆横放在地上；戒狗嚼杆绳；戒产期妇女拿用，等等。

刮马汗板：木制，长0.3米左右。前三分之二部分为长方形，后部分稍窄，顶端或方形或椭圆，不整齐划一。刮马汗板用以给马梳理鬃毛。牧人喜马、爱马，因此刮马汗板上有各种美丽的图案。有的刻有奔跑的鹿，欢跳的白兔，驯服的绵羊；有的刻有云纹、水纹、火纹等牧民喜爱的传统图案。其做工精细粗劣不一，但都是牧人心智的外化。

马蹬：上马时脚踏的用具。底部为一椭圆形的托，直径为15厘米左右，上面为半个椭圆形的环。马蹬一般用铁制作，也有包银的。在古老的史诗《江格尔》里就有描绘："洪古尔

手勒银缰脚踩银镫……"，"明彦挽起金银马的银缰/虎头红靴
刚刚触到银镫/就像火星一闪/纵身跳上柔软的鞍垫。"

图 25　马镫

　　马鞍：骑马时的乘具。蒙古牧人传统的马鞍有苏尼特式、
阿巴嘎式、哈拉哈式、海拉尔式、布里亚特式、乌兰毛都式
等数种。由于地域的特点不同，这些马鞍的式样稍有差别。
锡林郭勒的阿巴嘎式马鞍窄小方便，适于在广阔的草原上奔
驰；而兴安盟所用的乌兰毛都式马鞍则结实耐用，适于在坎
坷不平的地域奔驰。

　　制作马鞍的工序，一般分为五道。第一道为采料，第二

道称"大荒",第三道称"二荒",第四道是烘干,第五道为黏合。马鞍的用料为桦木或其他木质,上面有自然质朴的花纹。也有马蹬、马笼头、马辔头,马鞍等全副马具都是银制的;亦有包金的。内蒙古博物馆现藏鎏金珐琅马鞍,鞍的前后鞒及鞍翅外表均罩银质蓝地白花珐琅,边用錾花鎏金银条镶嵌,鎏金铜镫,做工极为精湛。

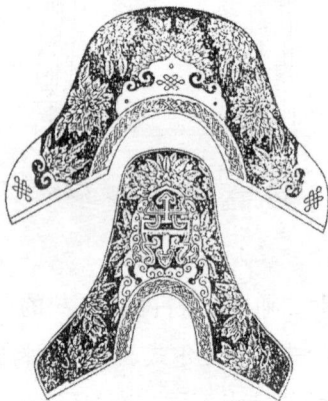

图 26　马鞍

制作马鞍是蒙古牧人的传统工艺。王国维的《黑鞑事略·笺证》云:

其鞍辔轻简以便驰骋,重不盈七、八斤,鞍之雁翅,前竖而后平,故折旋而膊不伤,镫圆,故足中立而不偏,底阔,故靴易入缀。镫之革手揉而不硝，灌以羊脂，故受雨而不断烂，阔才逾一寸，长不逮四总，故立马转身至顺。

我国北方游牧民族早就有制作马鞍的工艺。宋太平老人所著《袖中锦》中称："契丹鞍"为天下第一，其与端砚、蜀锦并列。蒙古民族制作马鞍的工艺与北方游牧民族的工艺传统是一脉相承的。

在戎马倥偬的战争年代，这种既适合于牧业生产又适合于战争的马鞍在历史上起过很大的作用。在成吉思汗圣陵之地——鄂尔多斯地区流传着一个美丽的传说：

成吉思汗有一次战败以后，在无可奈何的情况下，取下自己所乘汗马的鞍子，朝天反置，跪而祈曰："老天爷啊，你救我不救？"于是空中一声巨响，玉皇大帝降下一柄神矛，挂在一株枝叶纷繁的树上便不动了。成吉思汗命木合黎上去取下来，木合黎便遵命牵来一匹枣骝公马，将神矛请在它的前迎鞍上。木合黎奏禀成吉思汗伊金供奉这一神物。[1]
在这个传说中，马鞍已经由牧具变为祈天的工具。蒙古族信仰的萨满教崇拜苍天——腾格里。马鞍是人与天相沟通的用

---

[1] 赛音吉日嘎拉：《成吉思汗的祭奠》，内蒙古人民出版社1988年版第182页。

具。蒙古牧人把马鞍神圣化了。呼伦贝尔草原上的新巴尔虎右旗旗政府所在地称为"阿拉坦额莫勒",汉语为"金鞍子"。相传成吉思汗在统一蒙古时,一次渡河,马鞍被水冲走,后在此地找到了自己的马鞍。这说明英雄与骏马、与马鞍密不可分的关系。蒙古人还把马鞍喻为神奇的摇篮。有一首民歌这样唱道:

> 马背给我草原的胸怀,
>
> 马背给我牧民的勇敢,
>
> 雕花的马鞍呵,
>
> 我神奇的摇篮,
>
> 神奇的摇篮……

图 27　蒙古族马鞍纹样

此外，马鞍上还有很多配件：鞍鞯、鞍花、鞍软垫、鞍辔等等。蒙古民族是喜马、爱马、骑马的民族。牧人以世间最美好的词句称赞骏马：

> 它有绸缎一样光滑的躯体，
>
> 有旌旗般飞舞的长鬃，
>
> 有飞禽般结实的胸脯，
>
> 有银锥般粗壮的马尾……

因此在马鞍的各种配件上，他们都喜欢装饰。鞍花和鞍辔都用银或铜制作，具有浓郁的草原风格。鞍鞯的形状不一，有的上宽下窄，为长方形，有的上窄下宽，下为椭圆形。上面都绣有牧人喜爱的传统图案。这些图案取撷于多彩多姿的草原，又经过牧人心底的润饰，其大小、方圆、曲直、疏密、虚实、粗细都达到了和谐。按照草原牧人的审美观，女人看头饰，男人看鞍具。牧人在乘骑时，还常给马配上五色布条和攀胸铃串，那叮铃作响的悦耳铃声更增添了男子的几分英俊潇洒。

驮具：马在驮运时所用。木架用以驮柴。有的专门用来驮水，呈扁圆形，适放盛水器皿。

驼具

驼笼头：用驼鬃搓成的绳子制成，与驴、马的笼头区别在于没有嚼环。

鼻弓子：木棍制成，也有用畜骨制作的。一头呈尖形，一头呈叉形，像一缩小的古代的剑戟。骆驼二岁时，给它带鼻弓子，将尖的一头刺进骆驼鼻下的鼻中隔，为防止化脓，要涂上盐。驼一带上鼻弓子便不再取下。使用骆驼时，用毛绳拴住鼻孔以便牵引。

驼鞍子：驼鞍子系用毡子和粗布制成，为一长方形鞍垫。有的为花瓶形，上面绣有各种美丽的传统图案。

脚蹬：骑驼时踏用。脚蹬一般是用铁制做的，讲究的亦刻有花纹。

驼架子：骆驼驮东西时用的架子。骆驼在驮运粮食、食盐、皮张等进行长途运输时用骆驼屉子。屉子是用毛制的驼架垫和两根木棍制成的。驼架子置于驼背两侧，前后用毛绳拴紧，驮运时在屉子上绑几袋或几捆东西，走起来稳稳当当。驮盐时用的毛口袋是用山羊毛和绵羊秋毛编织成的。先把毛纺成线，然后把毛线放在小木架上编织而成。

毛绳：用于驮重时在驼架子上绑东西用的绳子，长约 2 米左右。

驼绊子：母驼将要下羔时或骆驼新入群时给其置上骆驼绊子，缚其足以防它跑掉。

羊具

鞭子：又名"羊铲子"，多为木棍，一头系以绳子或皮条，另一头绑上两根变曲的粗铁丝，牧羊时呼赶羊用。

绳子：挤羊奶时连拴母羊的绳子，能拴十几只或更多的母羊。绳子长短不一，用驼鬃制成。

敖若德格：为防止白天羊羔吃奶，把羊毛和上羊粪浆，糊在母羊奶头上，称"敖若德格"。

霍根：拴羊犊的头套，在挤羊奶或者将羊分群放牧时用。

牛具

牛笼头：专为拴牛犊用，防止其吃母奶。

头套：挤牛奶时拴小牛犊用，防其不老实。

（二）马具溯古

在草原的生态环境中，马是牧人的始终如一的伴侣。在蒙古族的英雄史诗《江格尔》里有这样的诗句：

> 从日出方向过来的，
>
> 以草为食的你，

> 血肉之躯的我，
>
> 我撇开你怎能行动；
>
> 你离开我如何生存。

"英雄须快马，快马需健儿"。当英雄与骏马一起飞驰的时候，人们对马具进行了由衷的赞美。在《江格尔》里这样写道：

> 值一万两的鞍，
>
> 备在马背上，
>
> 藏氆氇的鞍垫，
>
> 放在马鞍上，
>
> 金黄色的铜镫，
>
> 压在两旁，
>
> 八条熟牛皮梢绳，
>
> 像流苏飘扬，
>
> 尼玛达瓦（藏语：日月）鞍鞽，
>
> 前后闪光。
>
> 丝绒的前鞲，
>
> 搭在前胸。
>
> 红色的穗子，
>
> 随胸抖动。

> 黄羊皮的肚带，
>
> 紧扣胸肋。
>
> 麂皮的后肚带，
>
> 勒入肚腹。

英雄史诗形成于一个漫长的历史时期，而北方游牧民族制作马具，使用马具的历史可以追溯到遥远的年代。

在早期青铜时代的夏家店下层文化中少有关于马具的资料，而属于商周之际迄于春秋的夏家店上层文化有大量马具出土，其中包括马衔、马镳、马銮、马饰。宁城南山根 101 墓葬出土马衔 1 件，銮 1 件，车马饰近 300 件。一件双联铜罐的两侧和盖上铸着 4 匹伫立状的马。① 宁城南山根 102 墓出土马衔 2 件，马镳 1 件，马饰 35 件，并在一件骨板上刻有行猎车马图。② 据考古学者鉴定，这批马衔、马镳特征鲜明，代表北方地区一种较早的形式。

---

① 《宁城南山根遗址发掘报告》，《考古学报》1975 年第 1 期。
② 《宁城县南山根 102 号石椁墓》，《考古》1981 年第 4 期。

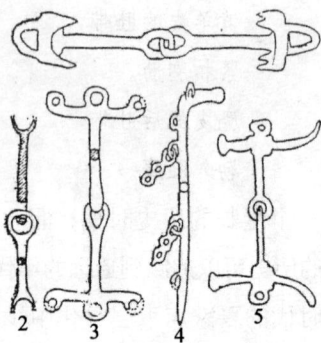

图28 北方民族出土马具

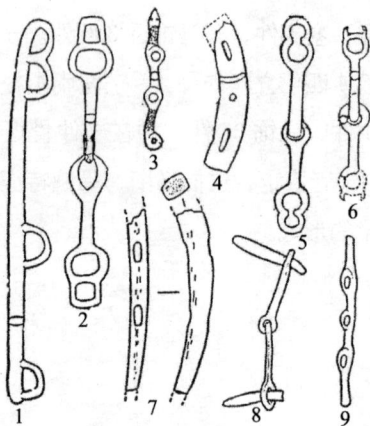

图29 北方民族出土的马具

在春秋战国末期至战国中期的铁器时代，据 70 年代末至 80 年代初的考古发现；在内蒙古地区桃锦旗桃红巴拉和公苏垆发现的 7 座墓葬中发现马衔 2 件，木质马镳 1 件，三马饰牌 1 件，马面饰 24 件。在乌拉特中后联合旗呼鲁斯太的 3 座墓葬中，有马头 27 具，呈三行排列，并出土马面饰 19 件，马面具 8 件。在战国晚期准格尔旗西沟墓殉葬中就有马，并发现双马对卧饰金饰片，双马纹金饰片，反转马纹金饰片各 1 件，卧马纹银饰片 5 件，以及铁马衔 1 件，铁马镳 2 件。[①] 在准格尔旗玉隆太墓葬中，发现铁马衔 1 件，骨镳 2 件。马具的出现，表明我国北方游牧民族骑马、牧马的漫长历史。匈奴人从小便习骑射，长大后编入马队。他们个个"人不弛弓，马不解勒"。匈奴墓出土的马具为文献记载做了佐证。

该时代出现的马具由骨制、木制进化到铜制、铁制。马衔由一节式发展到两节式，并流行三穿式。其形制上内环之径大于外环，而不同于中原地区外环大于内环。说明这样的马具既具有北方游牧民族的特色，又具有很大的实用性，与中原地区的马具迥然而异。日本的江上波夫等人认为，马具

---

① 《内蒙古先秦时期畜牧遗存述论》，载《内蒙古社会科学》1988 年第 1 期。

可以溯源到公元前 5 世纪左右，实际上北方游牧民族的马衔马镳的出现远在战国以前，可推算到西周时期。早期的马具具有西伯利亚地区的卡拉苏克文化和塔加尔文化的风格。[1]

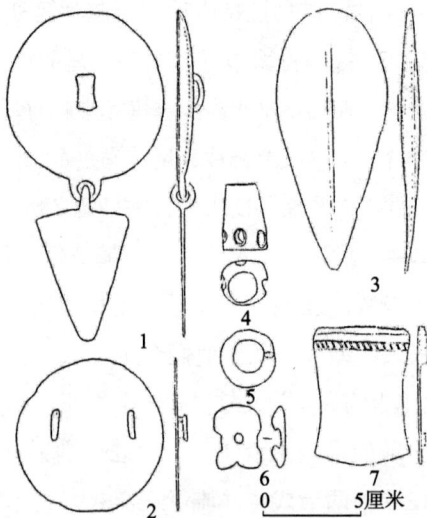

图 30　匈奴时期的铜马面饰

公元 7 世纪初期，游牧于潢水及土河流域一带的契丹民族开始活跃。关于契丹民族的起源，流传着白马青牛的传说。

---

[1]《北方地区出土之马衔和马镳略论》，《内蒙古文物考古》第 3 期。

古代契丹族信仰天神。相传古时神人乘白马浮土河（今内蒙古昭乌达盟镜内的老哈河）的东边，有天女驾青牛泛潢水（今内蒙古昭乌达盟境内西拉木伦河）而下，至木叶山，二水合流。神人与天女结为夫妇，生子8人，繁衍为契丹8部。所以契丹族以白马取像天神。每当春秋和行军时必杀白马青牛以祭天地。契丹族从建立政权直至覆亡的二百年间，畜牧业始终占主要地位。正如《辽史》卷59《食货志》上说："契丹旧俗，其富以马。"述律皇后（太祖阿保机之妻）也说："吾有西楼羊马之富，其乐不可胜穷。"阿保机在征伐河东地区及女真族时，曾夺获驼牛羊10余万，马20余万，分散游牧于水草丰盛的牧地上。

契丹族的牧业生活在其墓葬中得到充分的体现。墓葬外观结构大多为"穹庐形"，顶部留有圆形或八角形的孔洞，与蒙古包的天窗相似。其墓室不太尊贵的地方为生活用地，而西侧较为重要的地方安放墓主人的马鞍具。据1954年的考古发现，在昭乌达盟赤峰大营子辽驸马赠卫国王墓出土了金碧辉煌、精致华丽的全副马鞍具。其中包括马笼头、缨罩、盘胸、鞍鞯、马镫等。其马鞍前、后鞒均为鎏金的，中间部位为火样花纹，与之相对称的是两条腾云驾雾的龙。雕刻之工非常精细。马笼头的皮带上也有金饰片，上面刻有龙、凤、兽及各种动物的图案。图案的形状酷似鄂尔多斯出土的青铜器。马镫也是鎏金的，上面亦刻有花纹。马的装饰品非常华丽，其脖子上系有一个马铃圈，共有8个大马铃，大马铃相隔间又系有4个小马铃，做工极为精巧。尤为珍贵的是，辽驸马赠卫国王墓还出土了玛瑙装马具，其中包括笼头饰具和后座鞦饰具。颗颗玛瑙玲珑剔透，晶莹滑润。

八　牧业的组织

"逐水草而居"的游牧民族在蓝天白云的伴随下创造了牧业文明。长期以来，在辽阔的草原上生息繁衍的蒙古民族是以什么方式游牧的？其形成、发展和演变的规律又是什么？

（一）古列延

在客鲁涟河的源头布儿吉岸地方坐落着一座新型的古列延，这就是铁木真一家（铁木真即成吉思汗幼时的名字）逐草迁居的牧场。这块牧场靠山临水，像奶豆腐似的肥美，像白毡似的平坦。正当铁木真一家过着和平宁静的生活时，却遭到三百名篾儿乞惕人的袭击。复仇者不会忘记十八年前在斡难河畔曾遭到抢婚的耻辱。原来铁木真的母亲诃额伦夫人原是篾儿乞惕部也客赤列都的妻子。铁木真的父亲也速该巴特儿抢来了她。铁木真的夫人孛儿帖躲藏在一个装羊毛的车子里，还是被抢走了。这时，铁木真与王汗、札木合两部结成了"安答"（朋友，联盟）。他们共同立下誓言："消灭他们的族类，扫空他们的居屋，掠夺他们的一切。"这样同心协力，共同征战，在千钧一发的时候，抢回了孛儿帖夫人。于是成吉思汗与他的安答扎答兰部的札木合，共同组织了一个古列延。①

什么叫古列延呢？关于古列延的含义，中外史书均有记载。《元朝秘史》释为"卷子"，也有的释为"营"。《史集》称："古列延的含义是圈子"，并进一步阐述说："古列延意为环。古代当某一部落停留在某地时，多结成环形，其中是首领的帐幕，像圆圈的中心点，这就叫作古列延。"《〈元朝秘史〉词典》云："以车辆作战之障垒。"

可知，构成古列延的基本要素为帐幕和幌车。野牧需要毡帐。元《秋涧先生大全文集》1卷引《卫辉路监郡塔必公神道碑》记：

---

① 参看《蒙古秘史》第 101 节～108 节，谢再善译本，中华书局版。

营帐千屯，分牧共西，夏则避炎潇顶，冬则迎燠山阳。
圆锥形的蒙古包是便于游牧的最佳居住方式。此外，经常的
大规模的迁徙还需要能载重的车辆。《蒙古秘史》第124节载：
"有锁的车子，不使它破坏；有轴的车子，行在车路上，不使
它停止。我能把车厢，整治得很好。"从中可以看出，当时牧
人使用两种车子即合刺兀台·帖儿坚与合撒黑·帖儿坚。合
刺兀台·帖儿坚即黑篷车。铁木真的夫人就曾躲藏在黑篷车
里。而合撒黑·帖儿坚汉译为大车，是搬运什物的车子。这
样的幌车为四轮，车轮高大，载重量亦很大，与后来的勒勒
车有别。所谓"古列延"，就是由几十个甚至更多的帐幕和幌
车组成的环形圈子。这是一种集体游牧、集体迁徙的游牧
方式。

古列延的组成首先要氏族酋长的毡帐定位。他的毡帐位
于古列延的中心，他的幌车围绕着他的毡帐形成最里面的圈
子，然后是牧羊者的帐幕和幌车。这第二个圈子向外辐射几
公里就是牧羊场。再扩到第三个圈子是牧牛者的帐幕和幌车，
再向外辐射几公里就是牧牛场。最外面一层是牧马者的帐幕
和幌车，其向外辐射几公里的地方是牧马场。氏族首领的位
置当然居于中心，而羊的自卫能力最差，所以在里面。牛次

之，马的自卫性最强，尤其是守夜的儿马，是护群的先锋。它让所有的成马都一律头冲外，屁股朝里，站成一个圆圈儿，把幼驹围在里面，以防御野兽的袭击及意外的情况。当有意外的情况出现时，儿马首先发出"咴咴"的叫声，这是它给伙伴们的信号。如果生人试图接近马群，儿马立刻双耳耸立，披鬃扬尾，继而嘶叫一声蹄花乱飞，忠实地护卫着马群。有趣的是，无论是几十匹的小群，还是百以上的大群，护群的儿马只能有一匹，如果出现两匹成年的儿马，必将展开殊死的搏斗，胜者为魁。

法国蒙古学家格鲁塞说：

> 所谓的"城"，不过指一种巡回的营，就是蒙古人所称谓"古列延"的，环绕着首领的帐，这种游牧城（除去在某一季节再回到所喜爱的地点之外），是常常可以随着他们的汗王而移徙的。[1]

古列延是古代蒙古族的一种特定的集体游牧方式。这种特定的集体游牧方式产生并存在特定的历史阶段。蒙古族经历了漫长的渔猎时期，《史集》和《元史译文证补》都记载了《化

---

[1] 〔法〕雷纳·格鲁塞著：《蒙古帝国史》第 27 页，龚钺译，商务印书馆，1989 年版。

铁熔山》的传说。其大意是：蒙古族的祖先在额尔古纳河一带繁衍生息，感到人太拥挤"乞颜部后裔……得铁矿，洞穴深邃，伐木炽炭，篝火穴中，宰七十牛，剖革为筒，鼓风助火，铁石尽熔"。这个传说说明至少七世纪以前，他们就开始向草原推进。游牧经济兴起后，由于生产力较低，人们面对强大的自然往往束手无策，无法单独同大自然和野兽作斗争以及防御异族进犯，不可能单独放牧和保护畜群，一旦发生天灾人祸，人们即将濒于覆亡的境地。于是，集体游牧成为必要。凭借集体的力量，可以增加抗御各种灾祸的力量，维持本氏族的生存。一个氏族集团，不管移牧于何处，都组成"古列延"，首领的帐幕居中，便于管理。

由于古代的牧地"古列延"是共有的"蒙古氏族特别重视维护其氏族血统的纯洁性。拉施特哀丁在《史集》里说：

蒙古人自古以来就有记住自己的族源和氏族的习惯。因为他们和其他部落不同，没有可训诫子孙的宗教和信仰，所以父母对每个新生的孩子，都讲述祖先和氏族的情况，他们总是守着这样的规矩……①

---

① 拉施特·哀丁《史集》第1卷 第二分册，第29页，商务印书馆1985年版。

一个出生的孩子只有明确其出身的血统，那么他才拥有在这个氏族生存的权利。《蒙古秘史》里有这样一个情节：孛端察儿俘虏了一个札儿赤兀惕氏族的怀孕妇人做了自己的妻子。这个妇人生下儿子后，他们不承识他是孛端察儿所在的氏族的人，而称他为札答剌歹（意为其他氏族）。蒙古牧人靠氏族祭祀把大家团结在一起。他们像护持珍珠般地记住自己的族源。这实际上是在维护其氏族的共同利益。

古列延本是氏族血缘集团时期产生的一种游牧方式，但是在氏族社会消失后又延续了很长时间。因为这种以帐幕和幌车组成的环形的圈子非常适于战争。其军事首领居于中心指挥，防卫时，组成的一个个圈子极利于层层固守；进攻时，可有效地向外层层扩展；防守严密，进攻迅速。在蒙古统一其诸部及其对外的大规模军事战争中，这种游牧兼军事的组织发挥了巨大的威力。在《蒙古秘史》中就有关于古列延的记载。札木合统率札答兰族的 13 部即 13 个古列延，共 3 万人，攻打成吉思汗。成吉思汗也率领 73 个圈子，率兵 3 万，去迎击札木合。长春真人邱处机也提到其目睹的"皂车毡帐，成列数千"的盛大场面。这时的古列延的性质已发生了变化。从保卫牲畜和牧地到保持兵力便于作战。古列延已经由一个单纯的经济组织变成了军事组织。它已经从氏族血缘组织演变成一种多血缘多氏族构成的组织。在成吉思汗及其子孙在马背上驰骋、建立不朽功业的征战中，古列延这种特有的军事兼游牧组织的作用不可低估。它在蒙古民族的游牧史上和战争史上留下了清晰的印记。

（二）阿寅勒

在《蒙古秘史》里记载了这样一个故事：由于铁木真所在的氏族与泰亦赤兀惕部有世仇，铁木真被泰亦赤兀惕部人逮住，锁在木枷上。铁木真用木枷狠击了那个看守他的幼童，跑到斡难河的水里隐蔽起来。泰亦赤兀惕部的锁儿罕失剌老人有意搭救铁木真，他发现了隐藏在水里的饥寒交迫的铁木真，并没有去告发。铁木真走投无路，四周都是要捕捉他的敌人，只好投奔锁儿罕失剌家。锁儿罕失剌家是专门搅马奶子的。从早到晚，能听到他家搅酸马奶的叮咚声。他的儿子说："雀鸟逃避大鹰，逃进草丛里，草丛还能营救它。我们为什么不能搭救一个有难的人呢？"他们把铁木真藏在装羊毛的车子里。当搜查的人来到跟前时，锁儿罕失剌机警地说："天气比锅里还要热，羊毛里还会藏住人吗？"搜查的人用长枪刺了刺，扭身走了。待铁木真从羊毛堆里出来时，羊毛已被染成殷红。

上述提到搭救铁木真的锁儿罕失剌家就是阿寅勒。《蒙古秘史》在谈到阿寅勒时，总是与具体的、个别的家庭联系在一起。未结婚的儿子，通常总是和双亲同住在一阿寅勒内，而在结婚时就有了自己单独的阿寅勒。符拉基米尔索夫在《蒙古社会制度史》里这样谈到了阿寅勒：

> 蒙古人通常把一块宿营和游牧的彼此相距不远的阿寅勒称为和屯，并在行政方面构成一个单位。阿寅勒这个名词显然有此种意义，因为阿寅勒本来表示由同在一起宿营的一个、两个或三个禹儿惕（帐幕）组成的小集团，也表示在彼此相距不远的地面上散处着禹儿惕——阿寅勒集团。①

阿寅勒是由一个或几个帐幕共同进行的游牧方式。

古代的蒙古草原，没有行人的道路。马肚子把草分开，留下了一条线，这就是路了。草浅的地方，花儿开得很鲜艳。草深的地方，高头大马也只剩个马背。在这广袤的草原上，畜牧业迅速地发展起来。

---

① 符拉基米尔佐夫：《蒙古社会制度史》第 267 页，刘荣焌译，中国社科出版社 1980 年版。

阿寅勒的游牧方式是以畜牧业的发展为前提的。成吉思汗八世祖母莫挐伦（约10世纪后半叶）一家就是"畜牧饶富，牲畜遍野"，以致马群和畜群因为数量极多，没法数清楚，大地完全被马蹄盖上了。莫挐伦的这些牛羊，全部都是私人财产。牧养和管理技术的提高，使牧民的牲畜数量不断增加，使每个家庭有可能、有力量脱离对集体的依赖。每个家庭都完全有能力自主地进行放牧。并有抵御自然灾害的能力。由于牲畜的增加，古列延这种集体的游牧方式，已不适应。因此阿寅勒游牧方式的出现，标志着氏族的共有制度的瓦解，表明家庭私有制的产生。

前面所述锁儿罕失剌家就是一个阿寅勒。阿寅勒只包括二三代人，人数不多。以成吉思汗青年时代的家庭来看，有母亲、庶母、兄弟五人，妹一人及妻。另外有二个男仆及一个女仆，总共不过十几个人。牧人的每个家庭，都是社会经济的基本单位。畜牧生产的根本目的是增加牧畜。因家畜增多，就要扩大牧场，对牲畜分群照管。因此年长的儿子必须与父母分开，另立穹帐。阿寅勒就是以家庭为单位，由几个帐幕组成的。

畜牧是草原民族生存所依。从事放牧的主要是男子。一个执竿放牧的牧人男子能放牧数百只以上的牲畜。在空旷寂寥的草原上，在袭人的暴风雪中，牧人餐风饮露，忍劳耐苦。他们在套马时的惊险动作，他们在打印记时的洒脱姿态，他们在吟唱蒙古族长调时的绵绵情愫，都表现出草原之子的豪迈与勇悍。在游牧经济必须用的牧具、弓箭、帐幕和车子上也凝聚着牧人的汗水，镌刻着他们的智慧。他们不但能在骏马上纵横捭阖，而且能赶毡，能鞣制毛皮。在浩瀚的大漠上，伴随着叮咚叮咚的驼铃声，他们穿过漫长的草原丝绸之路，成为沟通贸易、往来交际的使者。牧人常说："给我带来力量的是杆子马，给我勇气的是护群马，给我幸福与快乐的是毡包前的那匹枣骝马。"与其说牧人赞誉骏马，毋宁用骏马称誉牧人。他们在人与马的和谐中，弹奏出一首首草原牧歌。

在哪里有水草哪安家的迁徙性牧业生活中，妇女表现出不亚于男子的飒爽和勇悍。她们自小善骑。自五岁起，马背上就是她们的第二摇篮了。她们骑马的姿势自然而轻盈，不拱背端坐，而是上体前倾，这样虽行上百里亦如鱼游于水中，活泼而自如。广袤的草原、游牧的生活赋予她们强健的体魄和吃苦耐劳的能力。当草原的夜幕刚刚拉开、天边微亮的时候，蒙古包里已经飘出了袅袅炊烟，接着妇女开始挤牛奶、制造奶制品。灶火是她们拾来的牛粪点燃的。净水是她们赶着勒勒车从水边取来的。在茫茫草原上袭人的寒雪之夜，她们和男人一样独自在雪野中跋涉，护卫着畜群；在迁徙的时候，她们和男人一样拆卸和搭盖蒙古包。在蒙古袍、蒙古靴和制毡制毯的工艺中，都留下她们的手迹。那些既有程式规范又可以自由想象的造型，那些具有鲜明特色的色彩规律以及粗犷而豪放风格的图案，既是牧人妇女审美理想和审美情趣的真实写照，又像绿色的草原那样，在素朴静谧中显示出其持久的魅力。

　　阿寅勒是以家庭为核心的个体游牧方式。每一个家族、每一个阿寅勒都有自己的私有财产。游牧民族与农业民族不同，孩子出生就可以分到一份财产。蒙古族谚语说："人生财生，财随人生。"牧人的儿女出生后的第三天，举行叫"会曾切"的仪式。① 在这个仪式上，父母当众宣布把一只母羊羔或一只母马驹分给这个婴儿。这只牲畜随婴儿一块长大。这只牲畜的繁殖永远属于这个孩子。待儿子长大，另盖蒙古包、成立一个阿勒寅时，可以把这份财富带走。由于长子首先另

---

　　① 桑布拉教布：《论游牧民家庭财产分配及继承习俗》。

立家庭,所以蒙古族实行幼子继承制。"父亲的主要财产归于幼子继承。幼子继承父亲和父亲诸妻(如父亲有好几个妻子的话)的帐幕及屯营、游牧的阿寅勒;幼子因此被称为'额毡',即'家人''主人'。又因幼子是炉灶的守护者,所以也称'斡惕赤斤',即'灶君'。"①

阿寅勒这种游牧方式的产生可以追溯到公元 10 世纪左右,其与古列延并存于一个相当的历史阶段。

(三)鄂托克

何谓鄂托克?鄂托克一词在蒙古族的三大典籍之一萨囊彻辰的《蒙古源流》里曾多次出现。《蒙古源流》成书于 1662 年。这部巨著叙述了蒙古族历史,特别是元亡后明代的蒙古史。在叙述其间蒙古封建领主的混战时,谈到东蒙古喀喇沁鄂托克领主孛来太师及翁牛特鄂托克领主毛里孩王兵力最强。他们互相争雄,矛盾十分尖锐。在《蒙古源流》卷六里出现了"七鄂托克""八鄂托克""五鄂托克"等词汇。"鄂托克"一词出现在 15 世纪以后,比阿寅勒晚得多。

---

① 符拉基米尔佐夫:《蒙古社会制度史》第 75 页,中国社会科学院社会历史研究室 1978 年版。

几个阿寅勒集团联合起来叫"鄂托克"。

鄂托克与古代的古列延有很大的区别。它不是一个氏族的血缘组织，而是一个地地道道的地缘组织。一部分牧人在固定的地域内游牧，这些固定的牧地上迁徙着数量不等的阿寅勒集团。这些阿寅勒集团以地域为基础发生亲族关系。他们早已不再属于一个共同的血缘氏族了。

共处同一鄂托克共占有一块牧地。鄂托克一词与游牧占用的地域有密切的关系。"鄂托克"的意思就是场所、地域之意。但是从《蒙古源流》对鄂托克的运用看，鄂托克不仅是个经济组织而且是个社会组织。中世纪的蒙古封建领主常常以鄂托克的名称作为自己所管辖的地域名称。一个封建主可以管辖几个鄂托克。在蒙古牧人看来，鄂托克有"家乡""乡土"之意。

在蒙古汗国时期，蒙古的社会体制分为万户、千户。它既是行政组织，又是军事组织。万户即万人集团。万户管辖千户。千户管辖若干个阿寅勒游牧集团。平时以阿寅勒为集团游牧，战时就赴战场作战。在明代，"千户"这个名词消失了，以鄂托克代之。如前所叙，鄂托克在明代的蒙古族的战争中，依旧还兼有军事组织的作用。

鄂托克即若干个阿寅勒共同使用的一块牧地，其地域基本上是不变的，但在军事战争或其他因素的影响下，地域也可以变化。到了一个新的牧地，仍由这些阿寅勒集团组成鄂托克。但是鄂托克的主要历史作用是牧地的固定。

古列延——阿寅勒——鄂托克显示了牧业的规模，有一首祝赞词这样写道：

> 在那十三万聚居的鄂托克
>
> ——边境的大库伦里，
>
> 通通布满人烟，
>
> 两个六十户的古列延，
>
> 肩负着近卫的重担。
>
> 那星罗棋布的边城营寨，
>
> 点缀着金碧辉煌的宫殿。
>
> 在它的前前后后，
>
> 设置四道防线，
>
> 那一座座城市啊，
>
> 就是如此巍峨壮观。①

---

① 赵永铣：《祝赞礼仪与蒙古民俗的发展变革》，（内蒙古社会科学）1992年第5期。

九　牧人之家

　　在牧业社会里，牧人的生活方式以牧养牲畜为准则。哪里有水草，哪里能牧养更多的牲畜，哪里就是他们的家。因而历史上有"行国"之称。"行国"的衣食住行独具特色——"穹庐为室兮毡为墙，以肉为食兮酪为浆"。

（一）肉食酪浆

　　苍茫四野，天地无限广阔。无限的草地上显露出来的是数不尽的肥壮牛羊。大量的牲畜除产肉外还产乳，产肉的时间较为缓慢，而产乳是经常的。

　　奶食也称白食，因奶的纯白而得名。蒙古牧人崇拜白色，认为白色是吉祥、圣洁、长寿和善良的象征。蒙古牧人在远古时代就崇拜苍天，认为苍天是白色的，天上的日月星辰是白色的，天上降下的雪也是白色的，所以白色是那么高远，那么纯正，那么富于生命。在逢年过节、操办喜庆宴席进行各种祭祀活动时，都要首先向天拨洒奶制品，以此为祭。就连小孩穿衣服、新郎乘马、新娘入洞房及家人出远门，也要用奶食向苍天弹祭，因为这是吉祥的"德吉"（德吉即食品中的第一口，表示尊敬）。

牧人制作的奶制品非常丰富。其中主要包括奶皮子、奶酪、奶酒、奶豆腐、酸奶等。在夏秋两季，将鲜乳放在锅中，慢慢煎煮，煮沸后在鲜奶上聚集一层薄脂肪，称为奶皮子。奶酪的颜色清澈如水，是草原牧人喜欢的奶食品。奶油是将黄油所剩余的奶水放到热处待其蒸发沉淀，把沉淀下的奶块装入布袋压榨，捏成各种形状，晾干即可。取出奶油后其下沉如豆腐汁者，经火慢慢熬煎，再压榨，倒入木模，成形后再切成小块，在太阳下晾干，即为奶豆腐。奶豆腐有的微酸，有的微甜，为牧人冬季食品之上乘。木模刻有各种各样的吉祥图案，奶豆腐又像精美的艺术品。酸奶即发酵后的牛奶羊奶，其又酸又甜的滋味沁人心脾。

图31　乳桶（分离黄油时用具）

在牧人的奶制品中，最富于特色的是奶茶和奶酒。奶茶用砖茶制作，首先要煮熬几分钟（应注意掌握火候，火候太小茶味不足，火候太大，破坏茶所含的维生素），然后掺入牛奶和盐，即为奶茶。有些地区的奶茶还掺入小米、奶皮子、奶油等各种佐料。在寒风凛冽的冬日，牧人归来之时，蒙古包内奶茶飘出的馨香使人感到百味人生的一趣——舒畅。

骏马给牧人带来了无限生机和无比的荣耀，而马的乳汁在各种牲畜的乳汁中为上乘，马奶酒也称为元玉浆。元耶律楚材诗云：

天马西来酿玉浆，草囊倾处酒微香。

长沙莫吝西江水，文举休空北海觞。

浅白痛思琼液冷，微甘酷爱琼浆凉。

茂陵要酒尘心渴，愿得朝朝赐我尝。

马奶酒元代人称"膏湩"。元耶律铸《双溪醉饮集》卷六注云："以马乳为酒，言'膏湩'之味酢则不然，愈挏制则味愈远，挏愈万杵，香味纯浓甘美。谓之奶酒。"奶酒清冽甘甜，清而不膻，冽而不醉，饮后给人一种回味无穷的甜蜜舒适的感觉。《黑鞑事略》对马奶酒的制作方法做了详尽的记载："马之初乳，日则听其驹之食，夜则聚之以秫，手捻其乳，储以革器。倾挏数宿，味微酸，始可饮，谓之马奶子。"马奶酒是元代宫廷宴会上的必备食品。《马可波罗游记》记叙了这一实况。盛马奶酒的器具叫酒局。《鲁不鲁乞东游记食》所叙之酒局形为一大银树，其根部有四只银狮。每一只银狮嘴里有一根管子，每一根管子喷出一种饮料，树顶上有一手持喇叭的天使。宫殿外另一房间的仆人听到天使吹喇叭，就把饮料输入。这酒具之一就盛有马奶。其造型之新颖、容积之巨大、装潢之富丽决非一般。有元一代，在草原上还要举行马奶子宴，并且很早就形成以马奶命名的节日马奶节。草原文化是飘着马奶酒香的文化。

图 32　蒙古族器皿纹样

　　牧人称肉食品为乌兰伊德。其食品主要是牛羊肉，少有马肉。牧人的肉食品有手把肉、烤肉、食羊背子、食全羊多种。《蒙古秘史》记载："成吉思汗定天下，大享功臣，设全羊名为乌查之宴。"乌查之宴有煮制与烤制两种方法。烤全羊可以追溯到元代。《朴通事·柳蒸羊》记载甚详："元代有柳蒸羊。于地作炉三尺，周围以火烧，令全通赤。用铁芭盛羊，上用柳枝盖覆，并加以土封，以熟为度。"由于用覆盖并加以土封，不熅不火，恰如其分，炭味被吸收到体内，外焦里嫩，别具风味。煮全羊以二三岁的羯羊为上品。用尖刀将各部分卸开，但不要切断，从表面上看，是一个整体。煮时要掌握火候，太软太硬都不行。整羊煮熟后，放入一大盘中，按照羊躺卧的姿势把两条后腿顺前腿扣紧，前腿往里折放，然后将羊头放在其上。羊角弯弯，嘴巴微张，给人以栩栩如生之感。

据史籍《草木子》记载，诈马宴是北方的盛宴，食全羊即北方的诈马宴。《蒙古食谱》记载，制作诈马宴时，以蒙古人宰杀羊的传统方法宰好，把整羊用开水褪毛，少开胸膛部位，去掉内脏，清洗干净，用盐和五香佐料腌制腹腔内，然后将开膛处缝好，放入有盖的大锅或特制的烤炉中蒸制或烧烤。上席前要去其角和四蹄，再用大木盘或大铜盘把诈马做成卧式上席。羊头要朝主客位。内蒙克什克腾旗的习俗，尚要在诈马的四蹄上穿银制的蹄子，头上饰以ㄅ字形印牌，以示喜庆或吉祥。

据《蒙古风俗鉴》载："牧人的礼宴上有敬神的习俗。第一块敬天；第二块敬地；第三块供佛；第四块祭鬼；第五块给人；第六块祭山；第七块祭坟墓；第八块祭土地和水神；第九块献给皇帝。"在民间吃整羊时，也按年龄大小和地位尊卑分而食之。有的地区把肥软的羊尾巴尖献给长辈；把肩胛骨分给最尊贵的客人；肱骨一般分给除主宾以外的其他客人；中等身份的客人则分给股骨；分给妇人椎臀部和腰椎；已婚年轻的妇女和姑娘则分予胸骨。在婚宴上，新郎新娘各拿一副连在一起的尺骨和桡骨，这是相约和幸福的象征。

牧人礼宴上食全羊的习俗可以追溯到古代，现还保留一首献整羊的祝词：

博格多成吉思汗，迎娶花容月貌的孛尔帖斤夫人。

宰一只花脸的羯绵羊，装在水晶盘里招待了贵宾。

蒙古人在敖恩河畔，树起九足旄纛的时候。

用九九八十一只整羊，用盛宴把胜利向四方宣告……

是成吉思汗定下的礼制，是蒙古人沿用的金律，

是忠厚和纯洁的标志，是所有食品的德吉……

九足旄纛指成吉思汗树起的战旗。人们祈求旗神佑护吉祥和胜利，整羊是最高级最至诚的礼品，因而献整羊以祭旗。

牧人宰杀牲畜是严格遵照其传统的。其过程是：首先使牲畜仰卧，在其胸部割半尺长的口，再将手伸进，将其动脉扯断，然后掐紧动脉的断裂口，用这种方法可以使血液留在体内。这种传统的宰杀方法可以在《史集》中得到佐证。在窝阔台汗时期，曾经颁布过一项法令："谁也不得割破羊和其

他食用牲畜的喉咙，而要按他们的习俗剖开其胸和肩胛骨。"他命令木速蛮和尊奉圣经的人，今后不准以明断喉法宰羊，而要按照蒙古人的习俗剖开它们的胸膛，凡是用断喉法者，就以同样的方法把他杀死。① 蒙古民族严禁牲畜的血液流出体外，这种观念与古老的萨满教有关。他们认为：血液中包含着生物的灵魂，保留血液就是保留其完整的存在。生物之死就像睡觉一样，以后还可以再转生。如果血液排出，肉体离开了灵魂，就不再转生。

屠宰后牲畜肌体的分割也是井然有序的。先剥羊皮，剥皮从后腿开始，剥后将动物的肌体放在皮上。其次扯下其前腿，剖开腹腔，取出内脏。第三步用刀子在胸腹交界处开一小口子，将后腿挪过来别在其中，之后清除存在前腔中的血块，再把后腿截下，清除后腔的血块。第四步截开肌体前后两部分，同时把脊椎分解下来，再沿下颌把头部割下。最后分开上下颚，清除口腔内杂物。宰杀牲畜一般在秋季。秋季是牛羊肥壮的季节。《蒙古秘史》第 124 节说："把美好的羊／放牧得肥壮／把成群的羊／繁殖得满野……宰杀好羯羊／给你准备好饮汤。"可见羯羊的肉质肥美。

---

① 拉施特·哀丁：《史集》第 2 卷第 87 页，商务印书馆 1985 年版。

（二）革衣皮靴

草原民族的服饰是在一定的历史条件下和一定的自然环境中形成的。蒙古高原地处亚洲腹地，属于大陆性气候。这块辽阔富饶而美丽的草原，因海拔高，地形复杂，所以气候变化多端，寒暑温差较大。自古以来，勤劳勇敢、富于创造力的草原民族之所以能够驰骋在这块古老而神奇的土地上，逐水草而居，畜牧迁徙，其服饰起了重要的作用。

草原民族惯用的服饰有袍、裤、坎肩、答忽、腰带、缠头、帽子、靴子。草原牧人一年四季皆着长袍：春秋穿夹袍，夏季穿单袍，冬季则穿皮袍、棉袍。其中包括：

图33 坎肩

开衩袍和无开衩袍：开衩袍即蒙古袍两胯向下部分开衩。察哈尔地区和鄂尔多斯地区的蒙古袍皆开衩，长袍的大襟、领座、领边、袖口下摆之缘皆镶有缎子，榨丝绸或库锦沿边。无开衩长袍与有开衩相比，比较肥大宽松。乌珠穆沁及布里亚特的蒙古人皆穿无开衩长袍，布里亚特妇女所着的袍子呈裙式，多折。在袍的领部，肩部、腰部及袖子中间均镶有三道或五道花边，显得端庄秀丽。

无马蹄袖袍和马蹄袖袍：马蹄袖长袍的特点是袖口上翻，呈马蹄形，较宽松。一般放牧人的马蹄形较大，妇女和儿童的马蹄形较小。巴尔虎地区土尔扈特地区的蒙古袍都有马蹄袖。土尔扈特的妇女身着的长袍为圆角高领，领口下低，对襟较长，袖口为马蹄袖，装束潇洒俊美。与马蹄袖长袍相比，无马蹄袖长袍的特点是袖口不往上翻，但袖口有宽窄之别。东部科尔沁一带妇女所着的长袍无马蹄袖。

宽下摆长袍和窄下摆之袍：阿拉善一带的牧人穿有开衩的宽下摆长袍，下系腰带，背后打褶。喀尔喀妇女所着的下摆较宽，呈裙状，无开衩。这种蒙古袍可以追溯到古代。《黑鞑事略》徐霆注云："腰带密密打作细褶，不计其数。若深衣只十二幅，鞑人衣折多尔。"徐霆所见古代蒙古袍与近代的款式相似。土默特、科尔沁、喀喇沁等半农半牧区的牧人所着长袍的下摆较窄。

在"北风卷地百草折"的严寒塞北，草原牧民着皮裤。皮裤有熏皮裤、吊面皮裤、熏制去毛皮裤多种。比较讲究的皮裤有各种各样的装饰图案。牧人在夜里还常穿"答忽"。所谓"答忽"，即牧民在冬季查夜时在皮袍外所加的山羊皮衣。其款式比马褂长些，类半袖衫，所以元代称之"比肩"。南宋郑思肖诗云："笠毡靴搭护衣"，并自注云："搭护，元衣名。"

有趣的是，近现代蒙古牧人的服饰一般是右衽。宋人彭大雅《黑鞑事略》记云："其服右衽而方领。"可是在民间有的地区却保持了左衽的习俗。内蒙古赤峰市元宝山元墓壁画上，墓女主人像与侍女像均穿窄袖左衽袍。元代妇女穿左衽袍，在各地元墓壁画中均能见到。这是蒙古人留下来的古老款式。这使我们想到蒙古袍与北方游牧民族服饰的密切联系。《北史·突厥传》说："其俗披发左衽，穹庐毡帐，随水草迁徙，以畜牧射猎为事，食肉饮酪，身衣裘褐。"服饰左衽的习俗还可以追溯到柔然。《南齐书》载："芮芮……披发左衽。"《梁书》云："芮芮国……辫发衣锦，小袖袍，小口裤，深雍靴。"而柔然的服饰文化又与突厥的服饰文化一脉相承。强盛一时的匈奴的服饰文化与柔然同。《史记·匈奴传》说匈奴人："衣皮革，被旃裘。"《后汉书·南匈奴传》说匈奴向汉帝供裘。自纵向来说，匈奴、柔然、突厥、蒙古形成了一套比较完整的北方民族的服饰。

草原民族有系腰带的习俗。腰带对于牧人来说是非常必要的，因为腰带既保暖又便于在马上活动。腰带长约 20 尺。男人的腰带较宽，缠在腰间后，并把腰带两端左右两侧挽一结，下垂柞许穗子。其腰带的提袍子，为绿、黄、杏黄、宝石蓝等颜色。女子的腰带与男人的腰带是有区别的，其区别是不上提袍子。青年男女的腰带为翠蓝、黄绿、菊红、紫红等颜色。长期来，惯于在马上驰骋的牧人必须系腰带。因为乘骑是他们特有的本领，而草原是他们纵横驰骋的乐园。腰带成为牧人权威的象征。除腰带外，牧人男女还有缠头的习俗。男子的布巾为棕色、黄色、暗绿色。女子的方巾为粉色、绿色、白色。姑娘缠头不封顶，右侧打结，垂下一穗。媳妇缠头则封顶不打结。关于缠头的来源有一种说法：传说圣主成吉思汗曾经宣谕："其首赫毛利（禄马）飘扬兮精神抖擞。"这表明一种振奋、向上的象征意义。

由于地处高原，又长年在野外游牧，风雪严寒，烈日炎炎，因此牧人一年四季都戴帽子。近代牧人所戴帽子的种类琳琅满目。主要包括：

圆顶立檐帽：近代方志《呼伦贝尔志略》云："帽之形扁平，以毡为之，缘反折而上，亦有绸面尖形者，附以皮耳顶缀红缨一撮，而圆形缎面饰以金边之便帽，尤喜冠之。"据考古资料发现，牧人所戴的圆顶立檐帽与元代所戴的基本相同。

风雪帽：风雪帽亦称栖鹰冠。其有尖顶和圆顶两种。圆顶风雪帽的后沿较长，尖顶风雪帽后面有一皮毛穗。其特点是帽檐较小。明萧大亨《夷俗记》说："仅可以覆额，又其小者，尽可以覆顶，俱以索系之顶下，其帽之沿甚窄，帽之顶缀以珠缨……"近代杜尔伯特男子所戴的风雪帽，布里亚特男子所戴的尤登帽，达尔汗地区的男子所戴的胡路布其帽都类似风雪帽。

陶尔其克帽：从款式来看，陶尔其克帽有护耳和无护耳两种。从面料来看，冬季所戴的为毡制，春秋所戴的为缎制。土尔扈特已婚妇女所戴的帽子为尖顶，护耳带较长，甚至垂至腰部，飘逸俊美。土尔扈特男子所戴的陶尔其克帽有吉祥图案。妇女所戴的有火形图案，这是遥远的火崇拜的遗迹。其他还有三耳帽，四耳帽和圆顶立檐帽等。

流传下来的圣主成吉思汗像上，成吉思汗头戴栖鹰帽。元世祖忽必烈汗戴白色毛绒顶栖鹰帽。《元史·后妃列传》载世祖皇后车伯尔为皇帝设计新服饰的故事："胡帽旧无前沿，帝因射日色眩目，以语后。后即益前沿，帝大喜，遂命为式。"其实元代只是在北方游牧民族服饰基础上的进一步改进。胡服胡帽，北方民族早已有之，并早已传入了中原民族。《唐书。五行志》云："天宝末，贵族及士民好胡服胡帽。"诗人元稹曾写道："胡音胡骑与胡装，五十年来竞粉泊。"元代蒙古民族的服饰与我国北方游牧民族存在着渊源关系。

着靴是游牧民族服饰的重要特点之一。牧人所着靴子的种类很多。主要有传统蒙靴、马靴、圆头靴子和一种名叫"马海"的布靴。传统蒙靴系用牛皮、马皮、驴皮制成。其特点是靴尖上翘，靴身宽大，靴内或衬皮或衬毡。内蒙古五当昭广觉寺内至今尚保存着一世活佛罗布森扎拉森的一双皮制蒙靴，迄今已有二百年的历史。马靴有皮制与布制两种。靴尖稍向上翘，靴内宽大，靴靿较瘦。皮底一般饰有铁钉，以防在草地上飞跑时滑倒。马靴有中统、高统之分，外形都有装饰图案。新婚夫妇都著马靴，显得潇洒大方。

靴子是游牧民族跋涉水草之间，游牧乘骑的需要。《中华古今注》有："靴者，盖古西胡也。其赵武灵王好胡服，常服之，其制短勒黄皮，闲居之服"的记载。其所谓"胡者"，乃林胡、楼烦、东胡。尔后崛起而被称为"胡"的匈奴的服饰以裘和靴最具代表性。匈奴靴被称为"络缇"。可见蒙古靴样式的源远流长。

图34　蒙古靴

游牧民族的服饰上都有美丽斑斓的图案。农业民族一般在软面料上绣花，游牧民族还在皮靴等硬面料上绣花。其绣花方法包括：绣花技法、贴花技法、盘花技法和抠花技法。绣花技法是将各种图案针针线线地绣到服饰上。贴花技法是用布料、大绒或皮革剪成，然后贴在布底或毡底经过缝缀锁边而成。盘花技法多用于男女靴子的各种图案上，是利用盘针缝纫法刺绣各种图案的技法。抠花技法是把剪好的布、平绒、皮革镂花图案固定在已画好的指定位置上，用盘针、缉针等方法缝制而成的。

传统的蒙古袍和蒙古靴上都有丰富多彩的民间图案。可谓千姿百态，美不胜收。古老优美的几何图案为牧人所喜闻乐见，例如云头纹、卷草纹、犄纹、盘肠纹、棱形纹、"卐"字样等，还有耸立的群山、澄碧的流水、白色的云朵、跳荡的火焰等古朴典雅的图案。草原的山光水色，经过纯净的牧人心底的润饰和陶冶，化为美丽的图案。这些图案经过牧人心底的观照不仅化为永恒的美，而且化为吉祥的福音。

在传统的服饰上还常出现各种各样的动物图案。游牧民族曾经过了漫长的狩猎时期，由狩猎人转化而成的游牧人与动物结成了不解之缘。在游牧民族的历史上经过了动物崇拜的时代。虽然建立了牧业文明的牧人早已与其相揖别，但是牧人的审美观照是从动物之中产生的。在牧业生活中，动物又与人建立了亲昵密切的关系。他们把这些动物图案装饰在自己的服饰上，飞腾的骏马、威武的雄狮、蹁跹的蝙蝠、敏捷的鹰隼，灵巧的山羊等图案都生动逼真，活脱可爱。五彩缤纷的花卉图案也常常被草原牧人所采纳。辽阔的草原生长着上千种植物。这些植物为牧人服饰上的刺绣提供了丰富的素材。传统服饰上的花卉图案既是多彩多姿的草原的写照，也是牧人美好心灵的投影。牧人服饰上的图案和喜闻乐见的色彩，都具有鲜明的大漠地域的特色。

与著名的湘绣、川绣、苏绣、粤绣相比较，游牧草原文化的刺绣艺术不以纤细秀丽见长，而以凝重质朴取胜。其大面料的贴花方法，粗犷匀称的针法，鲜明的对比色彩，都给人以饱满充实、隽永活泼之感。其实早在二千年前，匈奴已工于绣术。在蒙古人民共和国诺彦乌拉出土的匈奴文化中有贴有动物图案的纳线毛毡。在刺绣、贴花、镶边、编织等工艺品中，已看出当时技艺的水平。

与蓝天白云为伴侣的牧人喜

图 35　服饰上的二方连续图样
《蒙古族民间美术》

爱鲜艳、光亮的色彩。特别是在妇女的服饰和婚嫁节日所着服饰上表现得更加绚丽多彩。他们摒弃黑色、灰色，崇尚白色、天蓝色。这种审美意向来源于多彩变幻的草原。从草原服饰的款式看，褒衣博带，可塑性强，既能体现人体的曲线美，又能体现牧人宽厚大度、粗犷坦荡的性格。

（三）野牧毡帐

如果说，广袤的草原像广袤的天宇，那么乳白色的蒙古包就像闪亮的星星。它点缀在绿缎般的草原上，给古老静谧的草原平添了勃勃生机。

图 36　蒙古包

蒙古包是由陶恼、乌乃、哈那、毡墙和门组成的。天窗蒙古语称"陶恼"，位于蒙古包顶中央。天窗的毡顶于夜间压盖，白天视冷热情况或盖或揭。毡顶四周都有扣绳，可依方向而调整，风雪来时包顶不积雪，大雨冲刷包顶也不存水。毡顶用粗毛绳做边，里边用粗毛绳轧云型图案。乌乃是蒙古包顶组成部分，把长2米左右的乌乃杆插进天窗的窟窿里，其数量与哈那围成园壁后上端交叉处的叉口数量相等，然后用马鬃绳和驼毛绳串起来，同陶恼形成一个整体。哈那即蒙古包的伞形骨架。它是由交叉形式组合成做墙壁用的结构片，多用柳条编制，像伞架一样舒卷自如。在哈那外边盖上羊毛毡加以封闭。蒙古包的门一律向东开，这样可以躲避西北风。古代的游牧民族都有以日出方向为吉祥的传统。《五代史·四夷附录》云："契丹好鬼而贵日，其大会聚视国事，皆以东向为尊。"《周书·突厥传》云："可汗恒处于都斤山，牙帐东开，盖敬日之所出也。"此俗为北方游牧民族所共有。

蒙古包大致可以分为三种。

其一，转移式蒙古包。转移式蒙古包是纯游牧民的毡屋。其构造，形状、大小及屋内的格局与固定式蒙古包相同。与固定式蒙古包的主要区别是：其支架不必永久性的固定，院内不必用木栅围绕，包内的装潢也比较粗糙。《黑鞑事略》云："其居穹庐无城壁栋宇，迁就水草无常，得水则止谓之定营……"

其二，固定式蒙古包。固定式蒙古包同样是用毛毡做屋盖和屋墙，与转移式蒙古包相比，其墙基必须埋入地内。毡屋周围的土地必须砸实。院内要用木栅围绕，包内的装潢也较为讲究。

图37　蒙古族帐篷纹样

其三，古代的斡儿朵。斡儿朵又称"金殿""金帐""金撒帐"。《黑鞑事略》徐霆注云："霆至草地时，其制则是草地中大毡帐，上下用毡为衣，中间用柳编为窗眼透明，用千条线拽住，与柱皆以金裹，故名。"宫帐的构置非常大。据国外的传教士鲁不鲁乞亲见："他们把这些帐幕做得如此之大，以至有时可达30英尺宽，因为我有一次量一辆车在地上留下的两道轮迹之间的宽度，为20英尺。当帐幕放在车上时，它在两边伸出车轮之外至少各有5英尺。我曾经数过，有一辆车用22匹牛拉一座帐幕……"用22条犍牛所拉的巨型蒙古包实在是一种极富表现力的创造。宫帐的造型与蒙古包略有区别，它的架子是在像固定乌尼的筐状木头上插入乌尼，并竖起哈那制成的外形像人的脖子，称为"发屋"。宫帐上面呈葫芦形，象征福禄祯祥。宫帐内的装饰金碧辉煌，极为富丽，表现了特有的民族风格。

图38 蒙古贵族的大型宫帐

游牧贵族所居住的毡帐，其富丽的装潢，在古代突厥的历史上就有所记载。据希腊史学家弥南记叙，东罗马帝国的使者蔡马库斯于 568 年访问西突厥可汗时说，其毡房的木柱上覆以金片，毡帐内可汗的座位安放在四个金制孔雀上面。玄奘赴印度时路经西突厥，也说突厥可汗"居一大帐，坐以金花装之斑斓眩人目"[①]。可见游牧民族对金殿的装饰是一脉相承的。

蒙古包是适应游牧经济而出现的一种独特的具有鲜明民族风格的建筑。为逐水草、便畜牧，蒙古包搭盖的地点必须经过选择。首先要选择距离水草近的地方，其次要在通风处。方志《青海》记云："夏日于大山之阴，以背日光。其左、右、前三面则平阔开朗，水道便利。择树木阴密之处而居。冬日居于大山之阳，山不宜高，高则积雪；亦不宜低，低不挡风。左右宜有两狭道，迂回而入则深邃而温暖。水道不必巨川，巨川则易冰，沟水不常冰也。"总之，夏季要设在高坡通风之处，避免潮湿。冬季要选择山弯洼地和向阳之处，寒气不易袭入。牧人说："前有照（指充足的阳光和充足的草滩），后

---

① 慧立：《大唐大慈恩寺三藏法师传》卷 2。

有靠。(阳坡或高地) 既没有照，也没有靠，也应有抱 (河流
或小溪)。"

　　与农业民族所居住的房屋相比，蒙古包是适应游牧经济
特点而制作的。首先其制作简单，拆除方便，易于迁徙。蒙
古包搭盖迅速，通常出自妇女之手，几小时之内便可以完成。
视水草、气候之状况，一年迁徙二至三四次不等。其次蒙古
包的保暖性强。蒙古高原气候寒冷，草地"五月始青，八月
又枯"，蒙古包能抵御凛冽的寒风和搅天的风雪，在"胡天八
月即飞雪"时，有较强的保暖能力。

　　依照游牧民族尚右尚西的习俗，蒙古包内放置日用品的
顺序是：西北面为放置佛龛、佛像祭品的佛匣子，尔后为箱
子。北面床桌，床桌上卷放铺盖。西南面的哈那上，挂有牧
人所用的马鞭和其他骑马工具。在牧人眼里，这些东西至为
重要，绝不能放在东边。东边有绘制出图案的竖柜。东南面
置放炊具。灶火，在一个家庭中居于重要的位置。一个家庭
如果没有火，就失去了重要的价值。蒙古民族不许往火里扔
不洁的东西，不许在火旁砍东西，不许敲打火撑子等，讲究
一系列禁忌。

　　客人进入蒙古包前讲究一系列的礼俗。骑马坐车接近蒙

古包时要徐徐慢行，以示对主人的尊敬，进入蒙古包前，必须把马鞭放在帐外，执鞭入帐，以鞭打狗，也是对主人的不敬。蒙古包内如有病人，则在门外左侧缚一条绳子，表示不能待客。

牧人在蒙古包内外均有悬布旌的习俗。其张贴于墙壁，悬挂于旗杆的布旌除有喇嘛经卷外，还有一种风马的图案。风马扬尾奋蹄，给人以雄伟豪壮之感。蒙古族崇拜成吉思汗的军徽苏勒德，在祭祀时有这样的祭词：

> 为整个家庭获得新生儿，
>
> 使全家成员既无疾病，
>
> 又无疾病痛苦，
>
> 既无灾难又无拮据。
>
> 使外部的四种五足动物，
>
> 既无厄运又无野性，
>
> 既不会发生干旱，也不会发生饥馑……
>
> 使荣耀的风马旗帜飘扬和招展。

图 39　禄马风旗

旗杆上的风马旗帜是吉祥、兴旺、繁荣昌盛的表征。

　　蒙古包这种最适应草原生态环境的建筑形式是怎么形成的？为什么具有巧夺天工的完美？学术界认为，蒙古包是由仙人柱过渡过来的。仙人柱是鄂伦春和鄂温克语，"仙"人的意思是木杆，"柱"的意思是屋子，合起来的意思是木杆屋。仙人柱与蒙古包的外形极其相似。仙人柱为圆锥形，蒙古包上面的部分也呈圆锥形。而下面为圆柱体。仙人柱和蒙古包都是由木制骨架构成的。不同的是，仙人柱的骨架是互相交叉在一起的，而蒙古包的骨架上部为伞骨状，下部为交叉的网状。仙人柱和蒙古包的支架上都有遮盖物。仙人柱的遮盖物为桦树皮、兽皮，而蒙古包的遮盖物为羊毛毡。在搬运时蒙古包需要拆卸和搭盖，而仙人柱则弃于原地。在以牧业生活为主以前，蒙古族经过了漫长的狩猎社会。那么仙人柱是否是他们所居住的雏形，后来在游牧生活开始以后过渡到蒙古包呢？

图40　蒙古包之形成

在浩瀚无际的草原。每一户或几户的蒙古包相距三五里甚至七八里、十几里，但凡草好水足的地方，就有牧民的帐房。而每一座毡帐都是一个家庭，一个牧业单位。他们平时居住在一起，定时一同迁徙。牧人民歌里唱道：

因为仿照蓝天的样子，

才是圆圆的包顶；

由于仿照白云的颜色，

才用羊毛毡制成。

这就是穹庐——

我们蒙古人的家庭。

因为模拟苍天的形体，

天窗才是太阳的象征；

因为模拟天体的星座，

吊灯才是月亮的圆形；

这就是穹庐——

我们蒙古人的家庭。

十　节日与祭祀

在牧业社会里，人的生存依托是什么？是牲畜。就像农民祈盼五谷丰收一样，牧人祈盼的是牲畜的兴旺。五畜兴旺是他们的福音。过去在牧区，牧人的蒙古包上都挂有一个招福袋。如果卖掉牲畜或者女儿出嫁带走牲畜，他们都要把牲畜的毛剪下来以免福祉被带走，其招福袋里盛满了牲畜毛。他们认为，全家的福祉都在里面。在长期的牧业生活中，牧人深知牲畜在其生存中的重要地位，因而形成给牲畜过节的习俗和以牲畜祭祖的习俗。

（一）兴畜节·马驹节

与"千里莺啼绿映红"的南方相比较，北方的春天是姗姗来迟的。也许正因为她来得晚，她才更富朝气，更具神韵。千里冰封的季节是漫长的，妇女总是翘首切盼，遥望着湛蓝的天空。当天空掠过一群大雁，出现跑马似的流云的时候，就意味着牧区的春天来临了。积雪融化了；土地松软了；小草返青了；春潮在广袤的草原上涌动了。

东部蒙古人有过兴畜节的习俗。兴畜节也叫迎春宴会。一般是在正月或清明前后。兴畜节以村落为单位，男女老幼穿着节日的盛装，赶着家中所有的牲畜浩浩荡荡来到阔平的原野上。原野上一片沸腾：马在嘶鸣；牛羊在欢叫。牧人在察看大牲畜的膘情，其毛色如何；体态如何；母畜该不该怀胎；公畜留不留做种畜。马倌聚集在一起商讨套马的事宜；羊倌切磋春天接羔接犊的各种事项；牛倌在商讨牛的配种。牧人还在一起切磋着防治牲畜生病的经验，有的还交换着牲畜。有经验的牧人旁边总是聚集着人群，传来了阵阵欢声笑语。

最有意思的是给种公畜挂彩。种公畜是牧人辛劳的结果，种公畜也是牧业丰收的希望。牧人们把种公畜牵到绿色的草地上，在春天和煦的阳光下，其毛色铮铮发亮，其体态膘肥茁壮。人们评说着种畜的各个部位，夸耀着牧人的本领。牧人黑红色的脸膛上挂着微笑。人们把五颜六色的绸子条挂在种公畜的脖子上，牲畜好像通人性似的抬起头，感谢主人的恩赐和奖赏。

阳光下，草地上，当经过人们品评的牲畜安详地分享新春的阳光和青草时，牧人的欢乐到达高潮。他们有的抡起胳臂，兴奋地摔跤，显示着自己雄狮般的力气；有的干脆骑上自己的骏马，迫不及待地在碧绿的天然地毯上兜着圈子；有的深情地拉起马头琴；有的表演着牧人喜欢的蒙古族的说书；有的给牲畜梳理着鬃毛。牧人心中充满着憧憬，充满着希望。

阳春三月，有的地区有招福的习俗。牧人的福祉在牲畜上。他们首先祈求牲畜平安，然后再求得人口平安，万事如意。过去的招福仪式往往与打马印同时进行，在打马印后，牧人焚香致祭并唱着招福歌，其歌词曰：

　　　　来呀来呀来呀嗨，福啊禄啊来啊嗨。

　　　　招啊招啊招来福，吉啊祥啊来呀嗨。

牧人对马的感情是非常浓厚的。他们对马的感情往往超过对其他牲畜的感情。在春天的招福仪式上，他们给功劳卓著的大马倌披红挂彩。牧人的全部心血凝聚在牧业上，他们对牧业的感情伴随着对牧业的希冀在升腾。

在春季的招福仪式中，有的地区还保留封神马的习俗。神马不是普通的马，是想象中神的坐骑。一般要选择品种优良，体魄雄健的马担当。牧人喜欢白色和枣红色，神马的颜色以白色和枣红色的居多。

封神马的仪式是：家族的主人在院中放一小桌，摆上供品。然后握一束用各色彩条装饰的柳条丛，随时针方向摇晃，并在口中祈祷。主人则牵马于庭中，以红绿布帛丝系其马鬃而喃喃祝之。祈祷之后，把马的鬃尾都用彩布装饰，并向马身上抛洒奶酒。这匹马就封为神马。不准役使；不准乘骑；不准赠送；不准买卖；不可杀戮；不可丢失；直至老死。牧人认为丢失了神马是非常不吉祥的事情，丢失了神马会给牧人带来灾难。

圣选和祭祀神马的仪式，反映了蒙古民族的原始信仰。牧人崇拜苍天，认为苍天可以统治一切，在苍天赐予的所有的牲畜中，神马具于重要的地位。苍天派神马来管理马群。有了神马的管理，畜群才得以安宁、吉祥、繁殖得兴旺。这种放养神马的习俗从古代起，一直延续到20世纪中叶，不过圣选和祭祀神马时古代使用的是萨满巫术，近代则用喇嘛念经的形式。从本质上说，它们都是表现情感和预兆目的的形式。

草原的夏季是迷人的，那是一个清新鲜活的世界。经过了严冬的冷风白雪，经过了春日的繁忙奔波，马驹在欢跳，羊羔在欢叫，牧人的心醉了。此时在西部的鄂尔多斯一带，牧人过马驹节。牧人称之为"珠拉格"盛会。在珠拉格盛会上，牧人都把自己家最好的母马和马驹牵到会场，拴在长长的练绳上。母马匹匹精神抖擞，马驹头头毛色闪亮。人们互相称赞着，品评着，脸上露出毫不掩饰的骄矜和微笑。马驹节正式开始。首先要向天地祭酒。由一位有威信的长者用一种叫作"楚楚和"的工具来舀。（它当勺子用，系纯银制作，连柄一共七寸长，头上有九个浅杯。）马可·波罗曾记叙，"其形如金杯而有柄"。长者把鲜美的纯白色的乳汁舀出从正北方向开始，向四方泼洒，每个方向泼洒九九八十一杯。这时全场肃穆，老幼皆礼。这古朴的仪式可以追溯到远古的萨满教。牧业民族崇拜天公地母，认为天神地神给人和动物以生命，并且能禳除形形色色的天灾人祸，是人类生命的源泉。需要说明的是，由德高望重的长者泼洒鲜奶的挤奶人必须是有儿有夫、干净利落的育龄妇女。她们把自己家的母马牵来，挤满一桶桶甘甜鲜美的乳汁交给德高望重的长者。这些年轻的育龄妇女把此事看成是最大的荣耀。

马驹节的另一个高潮是赛马。与其他场合举行的赛马不同，其参加者都是儿童。小马驹和小骑手都打扮得焕然一新。牧人给小马驹扎起小辫，戴上彩绸项圈。小骑手则在头上扎上彩带，赤脚单衣，英姿飒爽。明《夷俗记》云：

今观胡儿五六岁时，即教之乘马。稍长则教之蟠鞍超乘弯弧鸣镝，又教之上马则追狐逐兔，下马则控拳擎张。少而习焉，长而精焉。

赛场上，马在奋蹄，人在扬鞭，电掣风雷，马嘶人欢。欢呼声和马蹄声融合在一起，马驹和人杰同时消失在蓝天碧野。跑在前面的得奖，跑在后面的也得奖。按照蒙古民族的习俗，跑在后面的把全部福气收了回来。长者来到第一名的骏马前，把喷香的鲜乳涂抹在骏马的额上、鬃上、尾上和主人的马鞭上。以示吉祥和祝福。马驹节的文化意蕴是双重的，它既表明了人们对牲畜繁殖的祈盼和祝愿，也同时表明人们对人类昌盛的希冀和憧憬。

金秋季节，草原把她的天生丽质全部呈现在热爱她的牧人之前。肥壮的牛羊在草海上涌动。牧人望着这天工造化创造的奇迹举行招福仪式。近代方志《蒙古风俗鉴》云：

如今的喇嘛，在每年的七月初一至十五的半个月中……为富裕户念招财经。招财的仪式是选出畜群中繁殖最多的老畜，在它的耳朵和尾巴上做出标记，不役使、养起来，准备好食品和酒菜，念一天经。请来亲属和邻居聚会，主人穿上新衣，手拿招财箭绕着老牛或老马口中念：福禄快来充满庭院。绕院三周后放桌就餐，三天中什么东西也不许往外拿。如果财神接受招财，那么就在七天内不许往外拿任何东西，蒙古人有念这种招财经的习俗。

古代蒙古牧人每于秋季家畜肥壮的季节，有举行招福祭祀的习俗。祭祀时户主用箭一只，其上系五色彩条，自左向右转动同时口中祝祷。希望求得更多的牲畜财富。这种习俗源于萨满教。明清之后，又被喇嘛教所代替。从本质上说，这种招福仪式是一种口头巫术。祈祷者企图通过语言形式来驾驭自然，达到祈福的目的。

（二）牧业的保护神

与农业相比较，牧业生产是非常脆弱的。传统的牧业要受到干旱、雪灾、雷击等自然灾害的威胁，再加之牲畜这个活物常患疾病，稍不经意，就会给牧业带来巨大的损失。在与天灾病祸相抗争的艰难中，牧民充满对牲畜繁殖的企盼。他们祈求"神骏种马的福禄；多奶母马的福禄；威武牝牛的福禄；丰产乳牛的福禄；雄壮公驼的福禄；良种公羊的福禄；洒满辽阔草原的五种牲畜的福禄"。这种由衷的善良的祈盼发端于原始社会，并且一直绵延至今。当他们从事牧业生产的时候，就以自己的智慧创造了自己的精神财富—牧业的保护神。

以天神为保护神

布里亚特蒙古人认为金星是马群的保护神。他们相信：原来马是诸神的坐骑，人间并没有马。金星这个守护神的仆人把马传给了人间。还说夏末出生的马驹是良种马，因为是在金星出现之后孕产的。①

有的天神的形象是以幻化成动物的形象出现的。土尔扈特人认为，雷声如驼鸣，因为恶魔苏勒玛变化成小驼羔的形象走入水中，便响起驼鸣般的雷声。这时驼口喷出的水气便化为浓云，骆驼升上天空。每当它倒嚼咬牙时，火从口中喷

---

① 乌丙安：《神秘的萨满世界》第27页，30页上海三联出版社1989年版。

出，便发出闪电之光。①

　　在原始社会，蒙古族的天神形象是具体的而不是抽象的，是分属的而不是统一的。随着时间的推移和人们认识的衍化，天神变成抽象的统一的了。蒙古牧人称天神为"腾格里"。他们祈求天神"禳除每年每月和每时的灾难；阻止豺狼进攻畜群；防止强盗和盗贼出现；预防冰雹降落，发生旱灾、风灾和饥荒"。历史上曾经活动于北方草原一带的部族，无论是汉代的丁零、狄历，还是魏晋之后的贴勒、敕勒，乃至北朝隋唐时代的突厥族称的原音都是"颠连"，而"颠连"意则为夭。"腾格里"是北方阿尔泰语系民族固有的宗教体系中所崇拜的精神实体，它们并不仅仅限于一般性保护和增加畜群，而且各尊神都会分别对某些特定的牲畜种类和蒙古牧业中的特殊部门施加有利的影响，所以天神是游牧民族畜牧业的生殖神

图 41　奇异的人形、天神像、星座（阴山岩画）

----

　　① 乌丙安：《神秘的萨满世界》第 27 页，30 页上海三联出版社 1989 年版。

和保护神。

以人造物为形象的保护神牧人在漫长的原始社会信仰万物有灵。他们信仰萨满教，存在着一种制作翁贡的习俗。翁贡是指万物所依附的灵魂的物质化，即把各种精灵以具体的人的形象或偶像的形式表现出来。多桑《蒙古史》云："鞑靼民族之信仰与迷信，与亚洲北部之其他游牧民族或野蛮民族大都相类……以木或毡制成偶像，其名曰 ongon（翁贡），悬于帐壁，对之礼拜。食时行以食献，以肉或乳抹其口。"据柏朗嘉宾《蒙古行纪》记载，翁贡有牛乳状和马乳状的。

吉雅其是蒙古族信奉的萨满教的牲畜保护神，也是祖先神。关于吉雅其的产生流传着一个传说：一位老牧人临死前惦念着他的畜群，不肯合眼，他要求死后要穿上放牧时穿的衣服，挎上放牧时用的套马杆，把他葬在高山顶上，让他永远看着放牧的畜群。人们并没有这样做，结果马群常丢失，接着又发生了瘟疫。人们说这是吉雅其的灵魂在游荡，于是人们供奉了他的画像，开始祭祀他。后来吉雅其的妻子又去世了。她的灵魂在游荡。孩子们经常得病。人们又供奉了他的妻子，孩子们的疾病消除了。至今吉雅其还是牧人的保护神：

所有的骆驼群，

都在你的梢绳上系；

所有的马牛羊，

都打有你的印记。

全蒙古信奉的神明吉雅其，

你倏然而来，又飘然而去，

高不可攀的绝顶有你的身影；

人迹难到的地方有你的足迹。

在花山脚下出现的吉雅其，

是福佑牲畜的圣明。

在金班贝岭上出现的吉雅其，

是全蒙古尊奉的神灵。

我们献上圣洁的祭品，

请神明的吉雅其阿爸品尝。

保佑我们牛羊繁殖，

保佑我们五畜兴旺。①

----

① 白翠英等：《科尔沁博艺术初探》第 120 页，哲里木盟文化处编。1986
年。

　　人们把吉雅其视为畜牧神，同时也视为祖先神和福神。吉雅其受到人们的普遍供奉。他的神像一般安排在毡房的西南，是未婚少女或尼姑用绢或棉缝成的，通常用不同姓氏的马鬃马尾绣在一块方形毡子和白布上，中间缝一口袋。口袋里盛每年剪羊耳朵剪下的部分。出售牲畜时留下的数根鬃尾及小孩周岁时剪下的头发及五谷作为供物，其企望人畜平安的愿望十分鲜明。

　　在牧人的信仰中。宝木勒是另一位重要的神祇。传说牧人郝布拉特偷了天神的坐骑，又杀了天帝的牛，吃了牛肉，受到了天帝的指责。他说："这正是我尊奉上天的标志啊，我要用牛皮和牛骨做成佛像来供奉。"郝布拉特用牛皮条把牛骨缠起来，把它送给了人间的百姓，并说这就是保牧乐。如果诚心供奉，就会一年四季无病无灾，平安吉祥，五畜兴旺。①这则神话既表现了原始的萨满教信仰，又具有佛教信仰的因素。这是原始宗教和现代宗教相叠合的产物。

---

　　① 色道尔吉等：《蒙古族历代文学作品选》，内蒙古人民出版社1980年版。

图42　守护神宝木勒栖于参天树（查干扎巴岩画）

以萨满所扮装的动物为保护神

蒙古萨满跳神中有种公羊神。跳神时，萨满将鼓槌顶在头上，装扮成种公羊，并且做出顶撞人的样子。此为种公羊神，为畜牧业的保护神。

（三）以羊为祭

蒙古牧人的祭祀礼仪神秘隆重，丰富多彩。祭祀一代天骄成吉思汗是其最隆重的礼仪之一。成吉思汗的英名以其功不可没的辉煌载入中华民族的史册。在蒙古民族的心目中，他是民族精神的旗帜；民族力量的象征；民族幸福的源泉。虽然关于成吉思汗谢世的时间地点与葬地仍是为世界所瞩目的一个谜，但是蒙古族祭祀成吉思汗是在鄂尔多斯这块古老而神秘的土地上。

成吉思汗的祭奠发端于元代窝阔台汗时代，悠悠七百年，蒙古民族对成吉思汗的祭奠历久弥新，至今绵延不衰。无论日祭、月祭、季祭还是年祭都要献全羊，由于所祭祀的日子不同，所用的羊数也不同。例如二月初一用一只全羊，初三用三只全羊。在六月的祭祀里，有专门的公羔祭。所谓公羔祭，就是把羯羔子即未经阉割的绵羊羔杀掉取出睾丸，放在供桌上祭奉成吉思汗。相传在战事紧急之时，成吉思汗把一

图43　近代成吉思汗的陵寝

图44　出自鄂尔多斯地区的俅礼图，代表成吉思汗及其妃嫔子嗣

户人家留下的一只羯羔子抓回去吃掉了，结果得胜回朝，因此要用公羔祭。对成吉思汗的季祭包括淖尔祭（即各地的奶水像湖海一样涌流的丰盛季节）；秋季的禁奶祭；冬季的皮条祭；春天的马奶祭。在这四个大祭时都要杀羊。其中保留着种种古朴的习俗：

领性之习俗：冬季的皮条祭是用山羊皮制成带子祭祀成吉思汗。领性的方法是选一只没有抓过毛的羯山羊。要用全羊先供奉它，再用圣酒鲜奶涂抹它的全身，然后拉到特制的毡毯上，往它身上浇水，让它抖动身子，就代表圣主成吉思汗已经知晓了。从文化人类学的观点分析，这是一种模仿巫术。以牲畜的抖动来表示成吉思汗的感知。

占卜之习俗：将绵羊宰杀后看相是蒙古牧人祖传的习俗。看相重要看牲羊的肝、胆、肠等部位，如果肝胆的光泽好，则主吉；肝胆的光泽不好，则为凶。如果羊粪灌满肠则为吉；肠子里的羊粪少则为凶。古时蒙古牧人有以羊肩胛骨占卜的习俗。把羊肩胛骨分为十几个部位，以此卜算牧人所关心的事宜：如丢失牲口的方向；是否有灾害；亲人何时复归等。

祈福禳灾的习俗：龙年大祭是最隆重的。祭奠的是成吉思汗的纛旗。明肖大亨《北虏风俗》云：

> 虏所重者坐纛。其虏王之纛，列之于诸酋之首。则横加如雁行，大会群夷于纛下，是日杀牲致祭。

近代祭祀要用九九八十一只全羊祭奉，凑够一万只全羊的数目。在祭祀时以羊头蘸血，以血溅旗，以示祈福禳灾。

争强福分之俗：在成吉思汗大祭即将结束时，便开始分福分，即分得祭祀时的羊骨和肉。这种分福分的习俗由来已久，在《蒙古秘史》里就有记载。祭者往往用全羊德吉等物抹画蒙古包内的呼德格（即蒙古包的支架上用兽毛马尾做成之物），据说全家的福分都收藏在这里，描画之意仍旧在祈福。

对于蒙古牧人来说，神秘变幻的天神处于极为重要的地位。他们称天为"腾格里"。《蒙鞑备录》载："其俗最敬天地，每事必称天……"岷峨山人《译语》云："虏称天为腾格里，极知敬畏。"他们把所敬仰的天神与五畜联系起来，称头发白的公羊为"腾格里特亥"，意思是"天的公羊"。对它不去势，也不买卖，到老再杀，食肉后烧其骨脂，头和皮悬挂在树上，然后另选神羊。杀牲供祭过的神羊，人们吃肉后，还把羊骨中的某些骨块留下，作萨满占卜时用。蒙古族萨满请神跳神时有"乌胡那昂道"，即"种公羊神"，是畜牧神中羊的保护神，繁殖神。跳神时萨满将神鼓顶在头上，手执鼓槌直立作角状，晃动身躯，向前冲撞围观的人，象征种公羊以角顶人。①

---

① 乌丙安：《神秘的萨满世界》第 30 页，上海三联出版社 1989 年版。